『師門問弁録』を読む

気の思想家　山田方谷

山田方谷像（平木政次画：個人蔵）

閑谷学校講堂（提供：岡山県）

講堂内部（提供：岡山県）

はしがき

山田方谷《やまだほうこく》（一八〇二〜一八七七）は晩年、備前の閑谷《しずたに》学校で陽明学を中心に学問を教え、それを後に弟子の岡本巍《たかし》がまとめて出版しました。その主なものは『孟子養気章《もうしようきしょう》講義』『孟子養気章或問《わくもん》図解』『師門問弁《しもんもんべん》録』『集義和書《しゅうぎわしょ》類抄』です。このうち、本書は、『師門問弁録』（一九〇二）について現代語訳を行い、解説文とともに山田方谷晩年の思想について検討したものです。

山田方谷は、陽明学者、財政家、藩政改革者、教育者と多方面の顔を持っていますが、私たちは「方谷の本質は教育者にある」という思いから、この度の現代語訳に取り組みました。教育の目的は、一人ひとりの個性的な資質を大事にし、その能力を育てること、そして、新しい状況へ対応する能力を身に付けさせることです。児玉亨氏は、「方谷は人をみてその人に適した指導をしている」（「教育者方谷」『山田方谷の研究』二〇〇六）と指摘されています。

順正女学校長だった伊吹岩五郎は、その著『山田方谷』（一九三〇）の中で、塾生の主だった者たちが、超多忙な方谷の労を省こうとして「年少の者たちは自分たちが教えます」と申し出たのに対し、それに感謝しつつも「この塾に集まった塾生は自分に学ぼうとしているのだから、一日に一度は是非とも顔を合わせる必要がある」と答えた、という話を紹介しています。まさに方谷の人柄を彷彿とさせるエピソードであります。

また、明治四年（一八七一）、方谷のもとで学んだ伊勢亀山藩の陽明学者宮内黙蔵は、「翁の謦咳に接することができたのは短期間であったが、学徳兼備の人柄は人をして躍如たらしめた」と言ったそうです。これらの話は、方谷が、学ぶことに喜びを与えてくれる真の教育者であったことを如実に物語っています。この書を読んでいただくと、そのことがよくわかると思います。

終わりに、今回の現代語訳が教育者方谷の実像を知る一助になるとともに、方谷の思想を現代に生かすきっかけになることを願っています。

令和元年十月

山田方谷に学ぶ会
渡辺　道夫
網本　善光

凡　例

一　この書は、山田方谷講述・岡本巍纂輯『師門問弁録』（一九〇二）の現代語訳を行い、解説とともに山田方谷の思想について検討したものである。

二　『師門問弁録』の原文及び読み下し文（訳文）は、山田準編『山田方谷全集 第二冊』（同刊行会　一九五一：復刻版 明徳出版社 一九九六）に拠ったほか、林秀一「山田方谷」（『日本の陽明学（中）』明徳出版社 一九七二）を参考に、独自にルビをふったほか、段落を分けるなどの手を加えた。

三　現代語訳にあたり、発言の部分をカギカッコでくくった上で、問弁ごとに番号をふった。また、問弁の内容からいくつかのグループにまとめ、それぞれの論点を小見出しに示した。さらに、明らかな誤り・誤植と思われる文字は改めるとともに、原則として常用漢字に改めた（辨→弁など）。

四　現代語訳を行うには、次の書物を参照した。

1　岡本　巍『師門問弁録』（一九〇二　国立国会図書館デジタルコレクション）
2　林　秀一「山田方谷」（『日本の陽明学（中）』明徳出版社　一九七二）
3　矢吹邦彦『炎の陽明学—山田方谷伝—』（明徳出版社　一九九六）
4　宮城公子「山田方谷の世界」（『幕末期の思想と習俗』ぺりかん社　二〇〇四）
5　松川健二『山田方谷から三島中洲へ』（明徳出版社　二〇〇八）

6　吉田公平「山田方谷の『気生理』の説」（『日本近世の心学思想』研文出版　二〇一三）

7　倉田和四生『山田方谷の陽明学と教育実践』（大学教育出版　二〇一五）

五　『師門問弁録』以外の現代語訳は次の文献に拠るほか、引用は本文中に出典などを示した。

1　『論語』　金谷治訳注『論語』（岩波文庫　一九六二）

2　『孟子』　小林勝人訳注『孟子』（岩波文庫　一九六八・一九七二）

3　『大学』『中庸』　金谷治訳注『大学・中庸』（岩波文庫　一九九八）

4　『伝習録』　近藤康信『新釈漢文大系 伝習録』（明治書院　一九六一）

目　次

目　次

目　次

序　章

一　はじめに

山田方谷（一八〇五〜一八七七）は、備中松山藩領の阿賀郡西方村（現在の岡山県高梁市中井町西方）に生まれた。本名は球、通称は安五郎、方谷はその号である。

山田家は、元は武家であるが、方谷が生れた当時は農業と菜種油の製造業を営んでいた。幼いころから〝神童〟と呼ばれ、新見藩の丸川松隠に学んだあと、江戸や京都に遊学。江戸では佐藤一斎のもとで学び、佐久間象山とともに佐藤門下の二傑と呼ばれた。

備中松山に戻った方谷は、藩校有終館で学頭（校長）を務めた後、板倉勝静《かつきよ》が藩主となると、嘉永二年（一八四九）十二月に元締役兼吟味役に就任。苦しい財政状況にあった藩の改革を推進し、わずか七年で、十万両の負債を返し、さらに十万両を蓄えるという画期的な成果を上げた。そして、板倉勝静が江戸幕府の要職に就くとそれに従い、顧問として幕政にもかかわった。

明治になってからは、教育者として子弟教育に当たり、閑谷学校の再興にも尽力した。

陽明学者、財政家、希代の藩政改革者、そして教育者と多方面の顔をもつ。三島復《また》や宮原信は〝哲人〟と称し、山田琢は〝儒哲〟という。それが山田方谷である。

そこで今回、方谷が晩年に閑谷学校で門弟とかわした問答（『師門問弁録』）を取り上げ、これを読み込むことで、彼の教育者としての一面を掘り下げてみることとした。

二　儒教（儒学）の歴史

本論に入る前に、まず儒教（儒学）の歴史を概観しておこう。

江戸時代に「学問」といえば、おおむね「儒教（儒学）」を指した。

孔子の教えを基に、それを継承・発展させた思想を「儒教」とも「儒学」とも呼ぶ。教科書的な理解に従えば、孔子が唱えた「仁」に基づく道徳的秩序が出発点となる。孔子が儒教の最高道徳として力説した「仁」とは、「自分の心内の欲求を自覚し、それをもとにして他者の心中を思いやること」（土田　二〇一二）と定義できるが、その後に孟子が「性善説（人間の本性は善である）」によって継承した。

そして、宋代に朱子が理気二元論（「理」と「気」の組合せによって万物の成り立ちを説く考え方）を基本とする「朱子学」として大成。さらに明代には、朱子学を批判する形で、客観的な「理」よりも、「心」の主体的な活動に重きを置く「陽明学」を王陽明が主張して、新たな展開を迎えた。

一方、日本には仏教の受容以前に伝えられたと考えられているが、特に朱子学は、鎌倉・室町時代以降、明との交流が活発になる中で、五山の禅僧たちが学問的に受け入れた。江戸時代には「初期の儒者は、その多くが五山禅僧（藤原惺窩ら）または五山の雰囲気によって育てられた人々（林羅山ら）であった」（清水　二〇一四）。

中国とは家族制度が異なり、儒教的教養が求められた科挙の制度もなかった日本では、江戸中期になって朱子学が禅宗寺院を離れて教育・研究されて、古学（伊藤仁斎）・古文辞学（荻生徂徠）など独自の儒学が生まれた。そして、それぞれの門流ごとに世代間で継承され、幕末までつながることとなった。

このことから、「日本では『儒教』『儒学』は倫理の『教え』『学問』であり、（中略）儒教は宗教としてあるよりも倫理として意味があった」（竹村・高島　二〇一三）。

三　朱子学と陽明学の特徴

朱子学の特徴は「儒教に『理』『気』などの概念を取りこみ、四書および五経を体系的に解釈したところにある」（竹村・高島　同書）が、その概要を高島は、次の三点に整理する。

①存在論：人の存在のありようが天に求められる。天を根源として人間が存在する。
②人間論：聖人（自然や人間を支配する天と、道徳的な本性が一致（天人合一）したすぐれた人間）とな

ることを学ぶのが朱子学であり、具体的には『大学』の「八条目」（聖人になるための学問的な方法・道徳的な理念）などによって説明される。

③実践論：天人合一の思想は「心」において成立する。「心」の主体性を極限にまで発達させた人が聖人であり、「居敬《きょけい》・窮理」（感情や欲望を制御することと、万物を貫く理を究めること）の二つの実践が提案される。

これに対して、陽明学は「実践を中心とし、朱子学の『窮理』を重視しない。知識と実践は一つであり、『心』の本体である天理が、あらゆる事象に実現するという考え方」（竹村・高島　同書）である。すなわち、朱子学の唱える①存在論と、②人間論は共通しつつ、③実践論において「窮理」がないのが特徴となる。

四　山田方谷と閑谷学校

閑谷学校は、寛文十年（一六七〇）、備前岡山藩主池田光政が庶民教育を目指して開いた日本最古の学校で、方谷が敬愛していた熊沢蕃山にもゆかりがある。幕末期には大鳥圭介らが学び、菅茶山、頼春水、大塩平八郎、横井小楠などが訪れている。ところが、この閑谷学校は、明治三年（一八七〇）九月には閉校となった。

備前岡山藩士であった岡本巍、中川横太郎らは山田方谷を招聘し、岡山に学校をつくることを計画し、明治五年（一八七二）一月、世話役の中川横太郎が小阪部の方谷のもとを訪れ、教師就任を依頼した。方谷はこの申し出を一度断っている。理由はいくつか考えられるが、老齢（当時六十八歳）であること、小阪部塾を抱えていることなどが挙げられる。それに加え、岡山へ赴くことに少なからず思うところがあったのであろう。養嗣子山田耕蔵（知足斎）と門人進鴻渓宛の書状の中で、方谷は岡山県出資による中学校であるならば、固く断る旨を伝えている。しかし方谷は、閑谷学校を再興するのであれば、応じないわけではないことを中川に告げていた。早速、中川は岡本、谷川、島村に諮り、閑谷学校再興に向けて動き出した。東京まで出向き、文部省にかけあうとともに、同年十月には池田慶政《よしまさ》から資金の一部として二千円の寄付を受けることもでき、閑谷再興は、岡山県とは切り離して、実現することとなったのである。

明治六年（一八七三）二月、方谷は、初めて閑谷に赴くのに先立ち、次の漢詩を賦して、心中に期する思いを吐露している。

〔将遊閑谷賦此〕　〔将に閑谷に遊ばんとし、此れを賦す〕
弧杖欲窮閑谷源　弧杖を窮めんと欲す閑谷の源
豈唯愛静避世喧　豈唯静を愛し世喧を避くるのみにあらんや
湖西遺教蕃山学　湖西の遺教　蕃山の学

石室蔵書尚或存　　石室の蔵書尚或いは存せん

「湖西の遺教蕃山の学」とあるが、閑谷の地は、学校設立前夜、岡山藩学の指導者であった熊沢蕃山が隠棲したところである。琵琶湖畔に道を説いた中江藤樹、その弟子の熊沢蕃山という日本陽明学の伝統がこの地には残っていると方谷は考えていた。そして「石室の蔵書尚或いは存せん」である。石室の中に眠っている先人の遺著を世に出し、後学にその偉大さを伝えたい、という熱い想いが伝わってくるではないか。

五　山田方谷の儒学

方谷の儒学を知る手がかりが、明治六年に閑谷学校で行った『孟子』の「養気章」（「公孫丑《こうそんちゅう》章句上」の浩然の気）についての講義（「孟子養気章講義」）の中にある。

この講義録によると、方谷は『孟子』の中でも「気」について語る「養気章」が重要であり、特に、次の二点が大切だとする。一点目が、孟子のいう「気を養う」は、自然の働きに従い天地万物と一体になること（直養）であり、方谷はこれを重視している。二点目は、利己心を捨てて「一大気」を養うことが「義」だということである。

人の手による細工をせずに自然の働きのとおりに行動すれば、おのずから道理に当たり、これが自然本来の法則だと、陽明学者の方谷は指摘する。朱子学のいう「窮理」とは立場を異にする考えであり、江戸時代後期に展開した日本独特の儒学の一つとして「気の思想」と呼ぶことができる。

六　『師門問弁録』のあらまし

今回現代語訳した『師門問弁録』は、明治六年、閑谷学校で行われた山田方谷と弟子たち（村上作夫・島村久・岡本巍の三人）との問答を岡本巍が記録したものである。閑谷学校での講義の記録などには、先に述べた『孟子養気章講義』や『孟子養気章或問図解』があり、また、熊沢蕃山の主著『集義和書』を抜粋し、要所に注を加えた『集義和書類抄』もあるが、『師門問弁録』は、これらと並び、方谷の晩年の思想をもっともよく伝える書物である。

『師門問弁録』における方谷と岡本たちとの問答は、「理気論」、「無善無悪論」、「四端の説」などに及んでいる。このほかに、方谷から弟子たち（谷川達海・島村・岡本）への「教戒」が示されている。

主たる論点である「理気論」に関して方谷は、「気が理を生み出す」と述べて、気を重視していることを明らかにしている。

そして「無善無悪論」については、孟子のいう「性善説」を基に、善悪といった相対的な概念に先立つ、絶対的な概念の存在を主張している。

「四端の説」については、朱子の考え方（窮理）と王陽明の考え方（致良知）の違いについて述べている。また「学問論」として、朱子学の重視する「静座」に対して、日常生活の中で「良知」を磨く実践的な側面を重視している。

この『師門問弁録』には、弟子たちの疑問や感想なども率直に述べられており、まさに方谷の思想を〝生〟の形で知る格好のテキストとなっている。

岡本巍が編纂したこの書物について、方谷の先駆的研究書である『哲人 山田方谷』（一九一〇）の著者三島復（二松学舎の舎長で、三島中洲の子）は、「先生が子弟各自の天性に従て培養し、投ずるに対症薬を以てし、偏静を好む者には活発の気力を与へ、窮理思索に過ぐる者には、日用常行簡易の道を勧めしとは、師門問弁録を繙くも直に知り得べし」と述べ、弟子の個性に応じて答える方谷を高く評価している。

また、伊吹岩五郎も、その評伝『山田方谷』（一九三〇）で「先生の教育は心と心の結合であり、人と人との接触である」と述べ、方谷の教育方法の本質部分を指摘している。

以下の章では、方谷と門弟たちの問弁をたどりながら、方谷の晩年の思想に分け入ることとしたい。

【参考文献】

伊吹岩五郎『山田方谷』（一九三〇〈復刻　二〇〇五〉）
小島毅『朱子学と陽明学』（ちくま文庫　二〇一三）
小島毅『儒教の歴史』（山川出版社　二〇一七）

清水正之『日本思想全史』（ちくま新書　二〇一四）
竹村牧男・高島元洋『仏教と儒教』（放送大学教育振興会　二〇一三）
土田健次郎『儒教入門』（東京大学出版会　二〇一一）
三島復『哲人 山田方谷』（一九一〇〈復刻　二〇〇五〉）
山田方谷に学ぶ会『入門山田方谷』（明徳出版社　二〇〇七）

第一部　師門問弁録

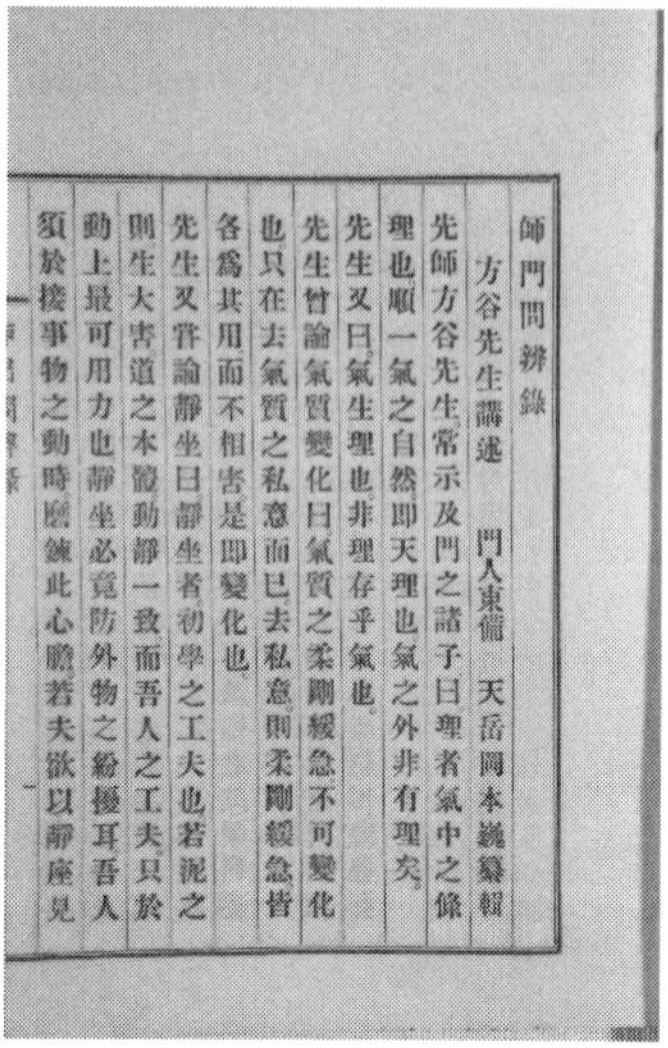

師門問辨録

方谷先生講述　門人東備　天岳岡本巍纂輯

先師方谷先生常示及門之諸子曰理者氣中之條理也順一氣之自然即天理也氣之外非有理矣。

先生又曰氣生理也非理存乎氣也。

先生嘗論氣質變化曰氣質之柔剛緩急不可變化也只在去氣質之私意而已去私意則柔剛緩急皆各爲其用而不相害是即變化也

先生又嘗論靜坐曰靜坐者初學之工夫也若泥之則生大害道之本體動靜一致而吾人之工夫只於動上最可用力也靜坐必竟防外物之紛擾耳吾人須於接事物之動時磨鍊此心膽若夫欲以靜座見

『師門問弁録』冒頭
（提供：高梁市教育委員会）

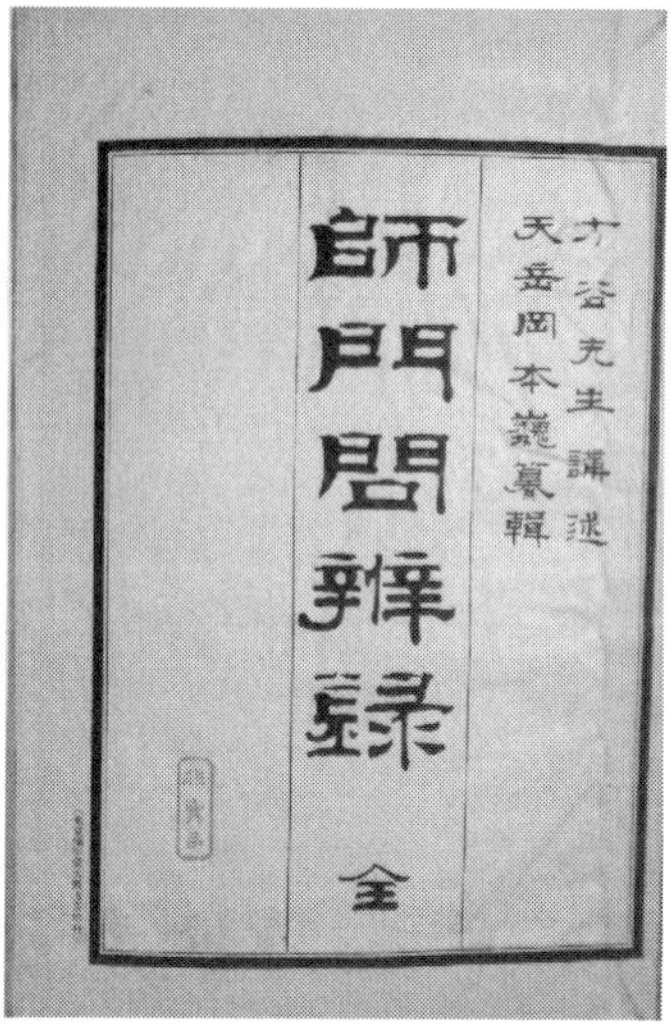

『師門問弁録』巻頭
（提供：高梁市教育委員会）

岡本巍　肖像（和気閑谷高等学校蔵）

師門問弁録

方谷先生講述
門人東備　天岳　岡本巍　纂輯

序

余嘗《かつ》テ贄《し》ヲ方谷山田先生ノ門ニ執《と》ルヤ、従遊ノ士恒ニ房舎《ぼうしゃ》ニ盈《み》ツ。就中《なかんずく》村上樟江《しょうこう》・島村杏塢《きょうお》・谷川原泉《げんせん》等最モ篤ク学ヲ好ミ、講習懈《おこた》ラズ。余常ニ三子ト問難切《せっ》磋《さ》シ、互ニ相資《あいと》リ交《こもご》モ相益《あい》シ、疑惑有《あ》レバ則《すなわ》チ正ヲ先生ニ取ル。先生循循《じゅんじゅん》トシテ其ノ惑ヲ解キ、其ノ疑ヲ弁ジ、以テ啓発開導ス。

其ノ同人ノ質《ただ》ス所、先生ノ弁ズル所、余当時之ヲ手録シテ以テ今ニ存スルモノアリ。頃日之ヲ筐底《きょうてい》ヨリ出シ展《の》ベテ之ヲ読ミ、益《ますます》先生ノ学博淵ニシテ精明ナルコトヲ知レリ。因テ以為《おもへ》ラク、コノ教伝永ク之ヲ古紙中ニ埋没セバ、恐ラクハ他日散逸シテ復タ見ル可カラザラント。是ニ於テ其ノ手録ヲ鈔出《しょうしゅつ》シ、校閲補正シ、題シテ師門問弁録ト曰フ。

将ニ以テ之ヲ後進ニ伝ヘントス。庶幾《こいねがは》クハ後進ノ士、先生ノ教ヲ知リテ講学ニ補益スル所アランカ。

然リト雖モ此ノ録ハ只ダ是レ先生教伝ノ一班《ぱん》ノミ。其ノ余及ビ三子ニ誨《おし》フル所、独リ此レニ止マラザルノミナラズ、其ノ及門ノ諸子ニ訓示スルモノモ、蓋シ亦タ多カラン。然レドモ今ヤ離群索居、往々存亡ヲ知ラザル者アリ。故ニ悉《ことごと》ク網羅蒐集《もうらしゅうしゅう》スルコト能ハズ。暫《しばら》ク余ノ手録セシ所ヲ編纂《さん》シ、以テ他日ノ続録ヲ期スト云フ。

明治壬寅《じんいん》孟春

門人　岡本　巍　謹識

私がかつて山田方谷先生のもとに入門していたときには、先生につき従う者で家屋はいつもいっぱいだった。

その中でも村上作夫（樟江）・島村久（杏塢）・谷川達海（原泉）らは、最も篤く学問を好み、講習をなまけることがなかった。私はいつもこの三人と批判・討論して学問に努め、お互いを頼みとし助け合ってきたが、それでも疑いがあれば、正解を先生に尋ねた。先生は順序正しい説明で私たちの惑いを解き、また、私たちの疑問をときほぐして、より高い理解へ導いてくださった。

村上らの質問や先生が述べたことを、私は当時記録しており、今も保存しているものがある。このごろ、それを箱の底からとり出し広げて読み、ますます先生の学問が広く深くて、道理が明らかであることを知った。

そこで思うには、この教えが長く古紙の中に埋もれていると、おそらくいつかは散逸して、もう二度と見ることはできないだろうと。このため、記録を抜き出して、校閲補正し『師門問弁録』と名づけた。

まさに、先生の教えを後進に伝えようとするのである。後進の人たちが、先生の教えを知って学問研究の不足を補うことを切に希望する。

とはいえ、この記録は先生の教えの一部分にすぎない。私や村上・島村・谷川に教えてくださったことはこれだけでなく、門人たちに訓示されたものも多いだろう。

しかし今、私は仲間と離れて暮らしており、消息を知らない者もいる。それゆえすべてを網羅して集めることができない。ひとまず私の記録したものを集めて本にしたのだが、いつか続編を出したいものである。

明治三十五年初春
門人　岡本　巍　謹んで記す

第一章　総論六則

『師門問弁録』の冒頭には、全体の総論として方谷の言葉が掲げられている。それぞれに重要な指摘であることから、「総論六則」としてまとめてみたい。

一、「気」と「理」の関係について（その一：一体性）

1

先師方谷先生常ニ及門ノ諸子ニ示シテ曰ク、「理[注1]ナル者ハ気[注2]中ノ条理ナリ、一気ノ自然ニ順《したが》ヘバ、即チ天理ナリ。気ノ外ニ理アルニ非ズ。」

今は亡き方谷先生は、常に門下生たちに教えて言われた。

「『理』は『気』の中に備わった『条理（すじみち）』、すなわち『気中の条理』である。気が自然（私意や作為を加えない、あるがままの姿）に順えば、それこそが『天理』である。気とは別に理があるのではない」

注1　理：道理・条理・論理・理念・倫理などの意味が含まれ、客観的な世界を構成する法則を意味する。理は、万物をあるべきようにあらしめている原理であり、人間の社会においては人間たらしめる道徳的秩序となって現れる。

注2　気：万物を形成し、生命や活力を付与する一種のエネルギーで、「気」という字の原義（氣）については、運気とも、ゆでた米の湯気とも、人の呼気とも言われている。気の集散が生物においては生死となり、広く万物にあっては事物の消長・生滅となる。

〇

『師門問弁録』は、理と気（「理を法則とすれば、気は現象界のすべて」〈溝口雄三『伝習録』〉）の関係性についての方谷の言葉（第一則）ではじまるが、その主眼は「気ノ外ニ理アルニ非ズ」である。

王陽明は『伝習録』中巻「陸原静に答ふる書」の中で「理は気の条理にして、気は理の運用なり」と述べている。このことに基づいて方谷は、気とは別に理があるのではなくて、気が根源であり自然本来の形であると考えた。

気と理は儒学における重要な概念であるが、私たちは気を現象・エネルギーと、理を法則と理解している。

二、「気」と「理」の関係について（その二：優位性）

2

先生又曰ク、「気ガ理ヲ生ズルナリ。理ガ気ニ存スルニ非ザルナリ。」

先生がまた言われた。
「気が理を生み出すのである。理が気の中に存在するのではない」

○

続いて第二則では、気と理の関係性についてふれ、「気ガ理ヲ生ズルナリ」と説く。この言葉を基に吉田公平は「山田方谷の陽明学理解の特色は、『気生理』を主張した所にある」（吉田 二〇一三）と指摘したが、私たちも、ここに示された気の優位性こそ方谷思想の基本的な立場であり、特色であると考える。

三、「気質の変化」について

3

先生曾《かつ》テ気質ノ変化ヲ論ジテ曰ク、「気質ノ柔剛緩急《じゅうごうかんきゅう》ハ変化ス可《べか》ラザルナリ。只ダ気質ノ私意ヲ去ルニアルノミ。私意ヲ去レバ則チ柔剛緩急皆各其ノ用ヲ為シテ相害《そこな》ハズ、是レ即チ変化ナリ。」

先生がかつて「気質の変化」について論じて言われた。

「気は、柔剛緩急さまざまに変化することができない性質をもつ。ただ『私意』を取り除くことによってのみ、変化することができる。私意を取り去れば、状況に応じて作用を発揮して、お互いを阻害しない。これが『変化』である」

○

第三則は、気質（気の性質）の変化について触れている。

私たちの中にある「私意」を取り除くことが大切であって、そうすれば気質が状況に合わせて作用するという。方谷は、人の本来的なあり方を阻害するのが私意であるとし、ことさらに手を加えることを戒めている。

朱子学的な理解に従えば、序章で述べたように居敬・窮理が重要であるが、陽明学は実践を中心に考えて窮理を重視しない。方谷はさらに進めて、感情などを制御する居敬ではなく、「私意ヲ去ル」ことで良いとする。ここに方谷の思想の大きな特色がある。

4 四、「静坐」と座禅の違いについて

先生又嘗《かつ》テ静坐ヲ論ジテ曰ク、「静坐ハ初学ノ工夫ナリ。若《も》シ之ニ泥《なず》マバ則チ大害ヲ生ゼン。道ノ本体ハ動静一致ナリ。而シテ吾人ノ工夫ハ只ダ動上ニ於テ最モ力ヲ用フ可シ。静坐ハ必竟《ひっきょう》外物ノ紛擾《ふんじょう》ヲ防グノミ。吾人須ラク事物ニ接スルノ動時ニ於イテ此ノ心膽《しんたん》ヲ磨錬《まれん》スベシ。夫ノ静

坐ヲ以テ此ノ心性《しんしょう》[注3]ヲ見ント欲スルガ若《ごと》キハ、是レ仏家座禅ノ方ニシテ、其ノ道自《おのづ》カラ異ナレリ。」

先生がまたかつて「静坐」について論じて言われた。

「一人静かに座って心を落ち着かせる『静坐』は、初学者が採る工夫（修養法）である。もしこれにこだわっていると、大きな弊害が生まれるだろう。『道』の本来の形は動静一致である。しかし、私たちの修養法としては、『動』のときに最も力を用いるべきだ。静坐は所詮、外からの働きかけや心の乱れを防ぐだけである。私たちは、物事に接して行動することで『心胆』を磨き鍛えるべきなのだ。静座により心性を探ろうとするのは、仏教における座禅の方法であって、その目指すものはおのずから儒学と異なっている」

注3　心性：仏教用語。生きとし生けるものの心の本性。

○

第四則では、私意を取り除くための方法論として、朱子をはじめ、陽明学派の一部も唱える「静坐」に注意をうながしている。それが、「静坐ハ初学ノ工夫ナリ」という指摘である。

方谷は、人の正しい行いである「道」には、もともと動と静の境目がないと考えており、気と理を一元的なものとする立場から、動と静の一連の動きの中で人の行いは説明できるという。だから、「事物ニ接スルノ動時ニ於イテ此ノ心膽《しんたん》ヲ磨錬《まれん》スベシ」とする。このことは、王陽明がいう「事上磨錬」に通じる考え方であり、実践を通して自らを鍛えることの重要性を指摘している。

静坐は初学者にも取り組みやすい修養法であるが、そのことに凝り固まり目的化してしまうと、人の正しい行い（道）の一面しか見ないことになると考えた。そして、禅宗における座禅とは目指すものが異なると警告しているのである。

五、「本体」の内容と作用は一体であることについて

5

先生嘗テ本体ノ体用[注4]ヲ論ジテ及門ノ諸子ニ示シテ曰ク、「本体ハ物無シ。此レ其ノ已発《いはつ》[注5]ノ用ヲ除却シテ未発《みはつ》[注6]ノ体アラザル所以ナリ。夫ノ本体ヲ認メテ一大物ト為スガ若《ごと》キハ、其ノ惑更ニ甚ダシ。」

先生がかつて「本体」の「体（本質）」と「用（作用）」について論じて、弟子たちに示して言われた。

「本体は、具体的な物として存在するのではない。これが、『已発《いはつ》の用』がなければ、『未発《みはつ》の体』が存在しない（外に表れた作用と基《もと》となる本質は、一体のものであること）理由である。だから、本体を具体的な形があるものと考えると、体（本質）と用（作用）の関係がますますわからなくなる」

注4　体用：中国哲学上の概念で、本体と作用の略称。本質とその現象の意。宋学では、「理」を体、「気」を用として、その理気説の重要な概念としており、存在の本質を「本体」（たとえば性）といい、その発現を作用（たとえば情）という。

注5　已発：喜怒哀楽（すなわち情）が発動した状態における心のあり方。心が外物と接することによって動となる情が現れるのが「已発」である。

注6　未発：喜・怒・哀・楽などの感情が動き出す前の平静な状態。『中庸』第一章にある「喜怒哀楽の未だ発せざる、これを中と謂う」に由来する。朱熹によれば、心がまだ動かぬ状態を「未発」といい、心は静で、中正を得た、本来的な「性」の状態にある。未発の状態こそ心の本体であるとした。

なお朱熹（しゅき）は、朱子学を大成した朱子（しゅし：一一三〇～一二〇〇）の本名である。朱子は、中国・宋代の儒学者、思想家。万物は理と気の合成により成り立つとする理気二元論を説いた。思想としては、人の本性には理が備わるとする性即理を主張した。

○

第五則では、「本体」の本質と作用について述べている。

気一元論に立つ方谷は、存在主体そのものである「本体」に「本質（理）」と「作用（気）」とが存在することを前提にして理解しようとすると、「理とは何か。気とは何か」「どのような関係にあるのか」といった議論に傾きがちなため、本来的な気の動きがわからなくなると戒めている。気の活発な動き（それも私意の妨げがない、あるがままの状態）を重要視する方谷の、まさに基本的な考え方である。

この点に関して吉田公平は、「人それぞれが『気』（身体としてのわたし）の本来の自然性に委順するとそこに條理が実現する」と考えたのが方谷だ（吉田　前書）という。

ここで、朱子学に基づく概念を整理（図二）しておこう（参考：島田　一九六七・垣内　二〇一五）。

図一　朱子学における概念整理図

体（本質）―理（法則）―性（本来の姿）―静―未発（感情の発動前）
心（人格・実践主体）
用（作用）―気（現象）―情（現実の姿）―動―已発（感情の発動後）

朱子学の考え方に基づくと、物事や世界の存在及び私たちの有り様は、理と気の二つの概念を中心に説明できる。

すなわち、「気」は、私たちを含めた万物を形成し、生命や活力を付与するものであると同時に、一種のエネルギーと定義され、この気の集散によってさまざまな現象が生じる。一方の「理」は、世界を構成する原理・法則と定義される。

したがって、理は本質という意味で「体」と、気は作用という意味で「用」と理解される。そして、人間においては、理の側面が「性」（本来・理想の姿）と、気の側面が「情」（現実の姿）ととらえることができる。さらに、性と情から構成される統一的な主体を「心」と考えるのだが、この心こそ私たちの人格であり、実践主体なのである。

また、性は「静」であり、喜怒哀楽の感情の発動する前の段階である「未発」を、そして、情は「動」であり、感情の発動した後の段階である「已発」を示すと考える。

ちなみに、朱子学は、心を性と情に分けた上で性が理であると説く（性即理）のに対して、陽明学は、性と情に分けないで、心そのものが理であると説く（心即理）。

陽明学を基とする方谷の発言も、朱子学の二項対立的な考え方と対比しながら読み解くと理解しやすい。

六、「誠意」「正心」の関係について

先生又嘗テ誠意[注7]正心ノ工夫ヲ論ジテ及門ノ諸子ニ示シテ曰ク、「滞着ヲ去ルハ是レ正心ノ工夫ナリ。必ズ先ヅ誠意ノ工夫アリ、而シテ後此ノ工夫アルヲ得。喜怒哀楽ノ和ヲ失フハ、過不及送迎ノ四個アリ。其ノ過不及ヲ去ルハ則チ誠意ニ在リ。其ノ送迎ヲ去ルハ則チ正心ニ在リ。謂ハユル滞着セズトハ、又一個ノ送ヲ去ルニアルノミ。」

先生がまたかつて「誠意」「正心」の工夫（方法）を論じて門下生たちに示して言われた。「正心（心を正しくする）の工夫は、こだわりを取り去ることだ。それにはまず、誠意（思いを誠実にする）の工夫があり、その後に心を正しくすることができる。喜怒哀楽の調和を失うのは、過（やりすぎ）、不及（及ばない）、送（先送り）、迎（受け身）の四つの原因がある。思いを誠実にすることで、過と不及を取り去ることができる。心を正しくすることで、送と迎を取り去ることができる。送を取り去るだけで、こだわらなくなる」

注7　誠意：嘘偽りのない正直な心で、きちんと行おうとする気持ち。私欲を離れ、真面目に物事に取り組む気持ち。『大学』では、「誠意」を次のように比喩を用いて説明している。「いわゆる意を誠にする（誠意）とは、自分自身を欺かないということ。ちょうど悪臭をにくむように、好色（美しいもの）を好むように」。

これについて、垣内景子は、「悪臭は誰もが嫌がりおのずと顔をそむけるように、不善を嫌悪しておのずと決してそれを行わないし、美しいものは誰もが好みおのずとそれを欲するように、善を好んでおのずと進んでそれを行う、これが『大学』でいうところの誠意」だ、と解説している。（『朱子学入門』二〇一五）

○

最後の第六則で方谷は、弟子たちに、どのような修養が必要かを示している。

すなわち、人の判断や行動を誤らせる原因として、やりすぎること（過）・及ばないこと（不及）・先送りすること（送）・受け身になること（迎）の四つをあげて、これらが、気のあるがままの働きを阻害する私意の働きであるという。

次に、その具体的な私意を排除した状態を、『大学』にいう「誠意」「正心」に対応させて説明している。『大学』は、学問修養の目標（大学之道）を「三綱領（明明徳・親（新）民・止至善）」に分類した上で、個人の修養からはじめて、順に国家の統治を目指す「八条目」（格物・致知・誠意・正心・修身・斉家・治国・平天下）の段階を示している（図二）。これら修養段階において、やりすぎと及ばないことを取り去ることが「誠意」の工夫であり、先送りと受け身を取り去ることが「正心」の工夫だと方谷は述べる。

なお、八条目の中でも「誠意」の重視が陽明学の特色であるが、方谷もまた誠意を重視することが、後の問弁の中で示される。

図二　三綱領八条目（参考：宇野　一九八三・金谷　一九九八）

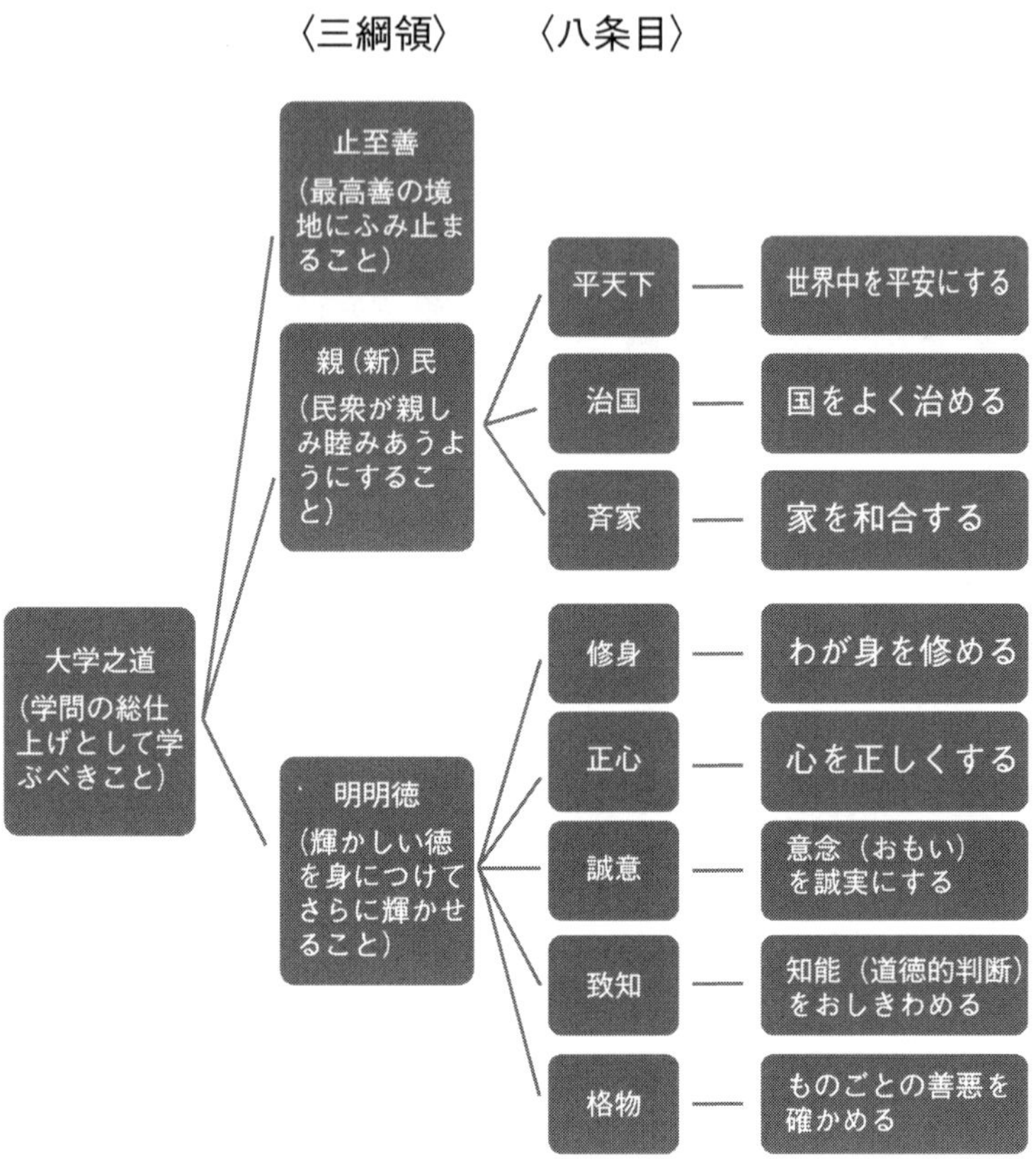

第二章　村上作夫との問弁

○村上作夫トノ問弁（作夫ハ樟江《しょうこう》ト号ス、豊後《ぶんご》ノ旧森藩ノ士ナリ、初メ潜庵春日[注8]先生ニ従ヒ、篤ク劉蕺山《りゅうしゅうざん》[注9]ノ学ヲ信ズ、後方谷先生ニ従ヒ学頭トナル、人ト為リ聡明最モ出藍ノ聞アリ。）

村上作夫との問答（村上作夫は樟江を号とし、豊後の旧森藩の武士である。はじめ春日潜庵に従い、篤く劉蕺山の学問を信奉した。後に方谷先生に従い学頭となった。聡明であり弟子の中では最も優秀という評判であった。）

注8　春日潜庵（かすがせんあん）：文化八年（一八一一）～明治十一年（一八七八）。幕末の儒者。陽明学を学び、山田方谷をはじめ広く東西の儒者と交流した。安政の大獄に巻き込まれたが、方谷の尽力により赦免を受け、明治には奈良県知事となるが辞官し、子弟の教育に努めた。

注9　劉蕺山（りゅうしゅうざん）：劉宗周（りゅうそうしゅう：一五八七～一六四五）。中国・明代の儒学者で陽明学を重んじた。蕺山で講学したことから蕺山先生とも呼ばれる。気一元論を唱え、誠意説を説いた。日本でも幕末期に注目され、春日潜庵などに影響を与えた。

1

村上作夫嘗テ劉蕺山ノ学ヲ信ズ。先生因テ曰フ、「蕺山ノ学ハ則チ蕺山ノ学ナリ。而シテ学者ノ性向ニ由テ或ハ當ニ益アルベシ。然レドモ之ヲ王陽明[注10]ノ大活学ニ比セバ、大ニ譲ル所アリ。陽明門下ノ諸子、精微ハ則チ精微ト雖モ、皆陽明ノ伝ヲ失ヘリ。」

村上作夫はかつて劉蕺山の学問を信奉していた。先生はそれでこう言われた。

「劉蕺山の学問は、蕺山自身の学問である。そして、学ぶ者の性向によっては大いに役立つだろう。しかし、蕺山の学問は王陽明の偉大な学問と比べたら、その足元にも及ばない。陽明の弟子たちの学問は、くわしくて細かいことは細かいが、みな王陽明の伝えたことを見失っている」

注10　王陽明：（おうようめい：一四七二〜一五二九）中国・明代の儒学者、思想家。朱子学を批判的に継承し、仕事や日常生活の中での実践を通して心に理を求める陽明学を起こした。思想としては、心即理を明らかにし、良知説・知行合一などを主張した。

○

『師門問弁録』は、門人たちの問いに対する方谷の答えをつづったものであるが、最初の問弁である村上作夫とは、主として〝学ぶ〟ということ、〝無善無悪〟と〝良知〟の関係などを中心に展開する。

一、「気中の条理」について～方谷の気一元論の展開

2

作夫王龍渓《おうりゅうけい》注11ノ本体自在ノ可否ヲ問フ。先生曰ク、「龍渓ノ説ハ却テ蕺山諸子ニ優ルニ似タリ。蕺山諸子ハ頗ル偏静ヲ覚ユ。然レドモ龍渓モ亦タ陥禅《かんぜん》ノ弊アルハ先儒已ニ論スルアリ。」

村上作夫が、王龍渓の唱えた「本体自在（天から与えられた生まれつきの性質を『思いのまま』であるととらえる）」説の可否を尋ねた。

先生はこう言われた。

「王龍渓の考え方は劉蕺山学派の考え方よりも優れている。劉蕺山学派は静坐に偏るようだ。しかし、王龍渓にも禅の思想に傾く弊害があることは先人がすでに論じている」

注11　王龍渓：（おうりゅうけい：王畿（おうき：一四九八～一五八三）中国・明代の儒学者で、号は龍渓。王陽明の代表的な弟子として陽明学を広めることに尽力した。

3

先生嘗テ作夫ニ告ゲテ曰ク、「宋儒ハ義理ノ命ト気運ノ命ト両条ニ分説ス、然レドモ其ノ実気運ノ命アルノミ。気運ノ命ハ変化遷轉シテ一定ノ則無シ。只ダ其ノ変化ニ随テ条理ヲ生ズ、即チ

是レ義理ノ命ナリ。別ニ義理ノ命アルニ非ザルナリ。」

先生がかつて村上作夫に教えて言われた。
「宋学の学者は『命（天の定めたすじみち）』を『義理のすじみち』と『気運のすじみち』の二つに分けて説明しているが、実際には気運のすじみちがあるだけである。気運のすじみちは、常にその場その時に応じて変化するものであって一定の法則はない。変化することによって条理を生ずるだけであり、これが義理のすじみちである。気運のすじみちとは別個に義理のすじみちがあるのではない」

4

先生又作夫ニ告ゲテ曰ク、「古今ノ変ヲ知ル者ハ、泰西ノ長ズル所ナリ。漢学ヲ修ムルモノ、往往古ニ泥《なず》ムノ弊アリ、皇学者ハ最モ甚ダシ。王陽明ハ千古ノ卓識ニシテ、最モ古今ノ変ニ明ナル者ナリ。所謂気中ノ条理ハ、即チ良知[注12]説ノ精体ナリ。」

先生がまた村上に教えて言われた。
「昔から今に至るまでの変化を理解するのは、西洋の学の勝るところである。儒学を修める者は、ともすれば昔のことにこだわる弊害がある。皇学者（国学者）は最も甚だしい。（一方で、）王陽明は時代をこえた叡智を持つ者であり、変化を最もよく知る方であった。いわゆる『気中の条理』は、彼の良知説の精髄である」

注12　良知：人が生まれながらにもっている知恵。陽明学では、心の本体・働きをいう。

5

先生又作夫ニ告ゲテ曰ク、「『孟子』[注13]一篇ハ、皆楊墨《ようぼく》[注14]ヲ闢《ひら》クト言フト雖モ亦タ可ナリ。出所論ト雖モ亦タ然リ。義ヲ擇《えら》バズシテ妄進スル者ハ墨ナリ、獨其ノ身ヲ善クシテ出デザル者ハ楊ノ如シ。天下後世ノ学、正《せい》ニ非ザル者ハ、楊墨ニ流ヲ逃ルル無シ。」

先生がまた村上に教えて言われた。
「『孟子』は、楊朱《ようしゅ》（極端な個人主義）・墨翟《ぼくてき》（極端な博愛主義）の考えをしりぞけたと言うけれどもまた宜しい。出処進退に関わる議論（『孟子万章上』）があるけれどもまた宜しい。正しい道である義を選ばずに、わけもわからずに進むのが墨翟で、自分が正しいとして行動に出ないのは楊朱のようなものだ。後世の学問で正しくないものは、楊朱・墨翟の影響から逃れることができていない。」

注13　孟子：（もうし：BC三七二？～BC二八九）中国・戦国時代の儒学者。儒教では孔子に次いで重要な人物である。性善説を主張し、仁義による王道政治を目指した。また、その言動をまとめた書物をさす。

注14　楊朱：（ようしゅ：生没年未詳）中国の春秋・戦国時代の思想家。個人主義的な思想である為我説

（自愛説）を主張した。
墨翟：（ぼくてき：墨子（ぼくし：生没年不詳））中国・戦国時代の思想家。墨家の始祖で、一切の差別が無い博愛主義（兼愛）を説いて全国を遊説した。

6

先生又作夫ニ告ゲテ曰ク、「凡ソ古書ハ混沌《こんとん》ナリ、後世著書ノ至理ヲ詳説スル如キニ非ズ。然《しか》リ而《しこう》シテ混沌ノ中、後世ヨリ精微ノ至理ヲ推ス可キナリ。然リト雖モ後世ノ説ヲ以テ古書ヲ牽強《けんきょう》解釈スレバ即チ不可ナリ。陽明先生ノ説ノ如キハ、往往古書ノ未ダ言ヒ及バザル所ヲ説クモノ多シ、是レ即チ気運ノ変ナリ。而シテ先生ノ時ノ如キハ、本体ヲ詳解シ本源ヲ精説セザレバ、即チ人ヲ開発スル能ハザル故ナリ。是レ亦タ察セザル可カラズ。」

先生がまた村上に教えて言われた。
「そもそも古典の内容は混沌としたものであり、後世の書物のように理への道すじを細やかに説明していない。そのため、後の時代には、混沌とした中から理への道すじを推し量ることとなる。しかし、後世の学説によって古典を自説に合うようにこじつけて解釈することはよくない。王陽明先生は、しばしば古典の言い及ばない所を説くことが多く、それが『気運の変』である。先生の時代には、ものごとの本質を詳しく解説し本源を詳しく説明しなければ、人を啓発することができなかったからである。このことは、よく理解しておかねばならない」

7

冒頭、王学左派に位置づけられる王龍渓の説に関する村上の問いを受けて、方谷は朱子学の理気二元論に対する批判を行っている。

朱子学では、「義理」（理）と「気運」（気）の二元的な関係を説くが、方谷は、「気運」が「義理」を生み出すと述べ、気一元論を主張する。

そして、気から生み出された理を「気中の条理」と呼び、これが王陽明の「良知」（出典は『孟子 尽心章句上』）説の本質であると言う。

二、〝学ぶ〟対象について～我々は何を学ぶべきなのか

先生嘗テ論語[注15]季氏篇《きしへん》ノ生知《せいち》ノ章ヲ論ジテ作夫ニ告ゲテ曰ク、「困《くるし》ンデ之ヲ学ブ、之ノ字、詩書礼楽制度ノ事物上ヲ言フナリ。古ノ学ハ事物制度ノ学ノミ。大本ハ已ニ明ナル故ナリ。故ニ此ノ学ノ字、困ノ字、皆本源ヲ顕《あら》ハスノ字ナリ。故ニ学問ノ方ハ朱註ニ従ツテ可ナリ。然リ而シテ後世本源明カナラズ、而シテ徒ラニ多聞多見往往私智ヲ長ズルニ至ル。是レニ於テ陽明先生本源上ノ学ヲ以テ其ノ弊ヲ救フ、実ニ時ニ深切ナリト言フ可シ。然リト雖モコノ本源上ヲ以テ古書ヲ解スレバ、則チ獨リ牽強曲解ト為ルノミナラズ、若シ本体ヲ以テ之ノ字ヲ解スレバ、則チ大弊ヲ生ズ、此ノ一義宜シク能ク精察スベシ。」

先生がかつて『論語』「季氏篇生知章」（中でも『生まれながらにしてこれを知る者は上《かみ》なり。学びてこれを知る者は次ぎなり。困《くるし》みてこれを学ぶは又其の次ぎなり。困みて学ばざる、民斯《こ》れを下《しも》と為《な》す』の部分）を論じて村上に教えて言われた。

「『困みて（行き詰まって）これを学ぶ』の『これ』は、詩書礼楽上のことがらである。そして、いにしえの学問は、ことがらの様子や制度を学ぶだけでよかった。というのも、その大本はすでに明らかだったからだ。ゆえに、『学ぶ』とか『困みて』は、どちらも本源（ものごとの根本）を明らかにする意味の文字である。そこで、古典の解釈は朱子の註釈に従ってよい。そして後世、本源が何であるかわからなくなり、いたずらに知識偏重になってしまった。王陽明先生は本源の学問を唱えてその弊害から救ったのだが、実に適切であったと言える。しかし、本源に基づいて古典を解釈すると、自分に都合がよいように曲解するだけでなく、もし本体が詩書礼楽であると解釈すると、大きな弊害が生まれるので、その意味を精察する必要がある」

注15　論語：孔子とその弟子たちの問答を、孔子の死後に弟子たちが記録した書物。『大学』『中庸』『孟子』と併せて儒教における「四書」の一つに数えられる。

8

先生又曰ク、「一事ニ在リテ知ヲ生ゼバ、則チ一事ノ聖ト言フ可シ。後世詩聖書聖ノ如キ是レナリ。」

先生がまた言われた。

「ある一つのことがらについて奥義をきわめれば、「聖」と言うことができる。後世の詩聖（杜甫《とほ》）や書聖（王羲之《おうぎし》）などがそうだ」

9

先生亦タ曾テ作夫ニ告ゲテ曰ク、「『論語』中ノ学ノ字、大率《たいそつ》皆詩書礼楽ノ事上ヲ言フナリ。孟子ノ時ニ至リテ、往往専ラ本源上ヲ説クト雖モ、『論語』ハ則チ然ラズ。余モ亦タ数年前、学ノ字ヲ以テ本源上ヲ解釈スト雖モ、近頃其ノ然ラザルヲ発明セリ。陽明先生ノ抜本塞源論《ばっぽんそくげんろん》[注16]ノ如キハ、本源上ヲ説クト雖モ、其ノ中、学校ハ各其ノ才能ヲ成スヲ以テ事ト為ス等ノ語アリ。宜シク能ク思フベシ。」

先生がまたかつて村上に教えて言われた。

「『論語』にある『学』が対象とするのは、おおむね詩書礼楽のことである。孟子の時代になって本源のことだと説くが、『論語』はそうではない。私もまた数年前まで、『学』の対象は本源だと解釈していたが、最近そうでないことを発見しわかった。王陽明先生の『抜本塞源論』は、本源上のことを説いているが、『学校の中は、惟《た》だ徳を成すを以て事と為し（当時の学校においては、ただ個人の人格を完成することを任務とした)』(『伝習録』巻中 答顧東橋書 一二)などの文がある。よく考えるといい」

注16 抜本塞源論:「抜本塞源」の「本」は木の根、「源」は水源を言う。木の根を抜き、水の源を塞ぐ意で、物事を処理する上で、災いとなる根本の原因を取り除くこと(『春秋左氏伝』昭公九年の条にある語)。この「抜本塞源」をもとに王陽明が『伝習録』の中で唱えた考え方で、万物一体の仁を説き、功利主義を批判する。

10

作因リテ問ウテ曰ク、「某謂フ、『学トハ印証ノ義ナリ。印証トハ、詩書礼楽及古ノ言行ヲ以テ己ノ真体ヲ証明スルナリ』ト、奈何。」

先生曰ク、「是レ却テ朱子ノ説ニ近シ。博学ニシテ本体ヲ証スル如キハ、則チ是レ外ヨリ内ヲ照ラスナリ。余ノ謂ハユル学ハ、事上ノ学ナリ。事上ヨリ学ブモノハ、本源已ニ明ナルヲ以テノ故ニ、自ラ学バザルヲ得ザルナリ。困ンデ而シテ学ブハ、亦タ本体ノ然ラシムル所ナリ。是レ便《すなわ》チ陽明先生ノ真意ナリ。」

そこで、村上が尋ねて言った。

「ある人が、『学ぶ』は『印証』の意味である。印証とは、詩書礼楽や古今の言行により、自分の真実の姿を明らかにすることだと言いました。先生、いかがでしょうか」

先生が言われた。

「それはむしろ朱子の説に近い。古典などを広く学ぶことによって真実の姿を明らかにしようとするのは、外側から内側を照らすことだ。私が『学ぶ』というのは、実践から学ぶことである。実践を通じて学ぶ者は、本源がすでに明らかなので、自ら進んで学ぶ。努力して学ぶのもまた、本体がそうさせているのである。これがとりもなおさず、王陽明先生の真意である」

11

作是ニ於テ豁然《かつぜん》トシテ悟《さと》ル。因テ問ウテ曰ク、「誠ヨリ明ナルハ、陽明先生ノ学カ。」

先生莞《かん》爾《じ》トシテ曰ク、「然リ。」


村上はここで目の前が開けるように理解した。そして先生に尋ねて言った。

「『誠』によってものごとが明らかになるのが、王陽明先生の学問ですか」と。

先生はにっこりとして言われた。「そうだ」

○

古典を読むこと（それも、後世の説にとらわれないで読むこと）の大切さを述べた方谷が、『論語』を題材に村上と交わした記録である。

ここでは、『論語』にいう「学ぶ」を、方谷も誤って理解していたことが述べられている。すなわち、万物の本源（根源）を学ぶのが学問であると考えていたが、王陽明の『伝習録』を読む中で、むしろ実際の行動や実践を通して考えるのが学問だと気づいたと言う。

方谷は「余ノ謂ハユル学ハ、事上ノ学ナリ」と述べる。儒学を古典の解釈に基づく為政者としてのあり方論ではなく、実践的な行動論ととらえたのである。

三、〝学ぶ〟動機について

12

先生又作夫ニ告ゲテ曰ク、「昨論ズル所ノ学ノ字、是レ即チ人ノ良知良能、已《や》マント欲シテ已ム能ハザルモノナリ。是レ即チ気中ノ条理ナリ。故ニ人ニ問ヒ書ヲ読ムコト能ハザルモノハ、私意隔断シテ而シテ其ノ良知良能ヲ妨グルヲ以テノ故ナリ。」


先生がまた村上に教えて言われた。

「昨日論じた『学』は、人に生まれつき備わっている良知・良能が、やめようとしてやめることはできないものである。これこそが気中の条理である。であるから、人に尋ねたり書物を読むことができないのは、私意によって隔てられて自らの良知・良能の働きが妨げられているからである」

13

作因リテ問ウテ曰ク、「学ハ良知自然ノ作用効験カ。」

先生曰ク、「然リ。」

村上がそこで尋ねて言った。

「『学ぶ』のは、良知の自然な作用と効果ですか」

先生は言われた。「そうだ」

14

先生又作夫ニ告ゲテ曰ク、「人ノ学ブハ、先ヅ誠実ノ志アツテ而ル後疑フ所アリ、之ヲ人ニ問ヒ又之ヲ古人ノ書ニ求ムルナリ。学ビテ後誠実ノ心ヲ発出シ来ルニ非ズ。是ノ処朱・王ノ分弁ナリ、宜シク能ク思フベシ。」


先生はまた村上に教えて言われた。

「人が学ぶには、まず『誠実の志』があってその後に疑問が浮かんで来るので、それを人に尋ねたり、答えを古典に求めるのだ。学んだ後に『誠実の心』が出て来るのではない。ここが朱子と王陽明の分かれるところであるから、よく考えるのがよい」

15

作更ニ問ウテ曰ク、「豫章《よしょう》[注17]・延平《えんぺい》[注18]及ビ王門ノ双江《そうこう》[注19]・念庵《ねんあん》[注20]等未発ノ気象ヲ体認スル静坐ノ学ハ、今日某身上ニ於テ自ラ最モ緊要《きんよう》ノ業ナリト謂フ。如何。」

先生曰ク、「此レ陽明先生ノ説ニ非ズ。陽明先生ノ静坐ヲ説ク、只ダ初学ノ時、暫ク妄動《もうどう》ノ念ヲ鎮スルナリ。之ヲ以テ緊要ノ功ト為スニ非ズ。蓋シ之ヲ以テ緊要ト為セバ。則チ種々弊ヲ生ゼン。且ツ吾子当時心ニ累《わずら》ハサルルノ弊アリ、宜シク能ク心ヲ用フベシ。須《すべか》ラク虚心ヲ以テ『論語』ノ如キ古書ヲ読ムベシ、後世ノ書ト意味迥《はる》カニ異ナラン、古書ハ大率事上ノ工夫ナリ。事ハ即チ心ナリ。故ニ須ラク虚心以テ『論語』ノ文義ニ従ツテ之ヲ読ムベシ。強《し》ヒテ後儒ノ心理一偏ノ説ニ牽《ひ》キ附ク可ラズ。」

村上がさらに先生に尋ねて言った。

「豫章（羅従彦《らじゅうげん》）、延平（李侗《りとう》）及び王陽明門下の双江（聶豹《じょうひょう》）・念庵（羅洪先《らこうせん》）らが唱える、未発の気象（まだ外に表れない気の現象）を身体で感じ取る『静坐の学』は、今の私自身にとって最も大切な修業だと考えます。いかがでしょうか」

先生が言われた。

「これは王陽明先生の説でない。陽明先生が静坐を説かれたのは、学問の習い始めのときに少しのあいだ妄念を鎮めるためである。静坐そのものは重要な修業ではない。もしも、静坐を重要とするならば、さまざまな弊害が生まれるだろう。そのうえ君は今あれこれ考えすぎるところがあるので、よく考えるといい。ぜひとも、虚心に『論語』などの古典を読まなければならない。古典は後世の書物と内容が大きく異なり、おおむね実践的な工夫が書かれている。ものごとは、心の有り様である。したがって、ぜひとも『論語』の文章の意味に従って読まなければならない。ことさらに後の時代の、心や理の偏った解釈にとらわれてはいけない」

注17　豫章：（よしょう：一〇七二～一一三五）中国・宋代の儒学者。李延平の師。羅従彦ともいう。

注18　延平：（えんぺい：一〇九三～一一六三）中国・南宋時代の儒学者。宋学を大成した朱子の師。李侗ともいう。

注19　双江：（そうこう：一四八七～一五六三）中国・明代の儒学者。王陽明の弟子のひとり。聶豹ともいう。

注20　念庵：（ねんあん：一五〇四～一五六四）中国・明代の儒学者。王陽明の死後、徐愛らとともに師の学風を受け継ぎ、普及させた。羅洪先ともいう。

〇

方谷の学問が実践的であるためには、その動機もまた実践的・活動的でなければならない。方谷が言う誠実の志は「良知自然ノ作用効験」と言い換えることができるが、この働きをもって朱子学と陽明学とを区別している点に注目すべきである。

方谷は朱子学と陽明学の違いを、理気の関係性（二元論か一元論か）とともに、動機の主体性（良知があるから学ぶのか、学んだから良知が生まれるのか）からもとらえていることになる。

16

四、〝無善無悪〟とはいかなる状態か

先生又嘗テ作夫ニ告ゲテ曰ク、「善無シ悪無シノ説[注21]、古ヨリ弁論多シ。余説アリ。気中ノ条理ハ学ノ標的タルハ論ズル無キノミ。然レドモ気中ノ条理ハ、其ノ見解二ツアリ、条理気ニ具ハルカ、気条理ヲ生ズルカ須ラク克ク精察スベシ。蓋シ気ハ条理ヲ生ズルナリ。気ノ活発変動スル、斯ニ条理ヲ生ズ、始ヨリ条理ノ存スルアルニ非ズ。是レ所謂善無ク悪無キ者ニ非ザルヤ。」

先生がまたかつて村上作夫に教えて言われた。

「王陽明の『無善無悪説』は、古くから多く論じられている。そしてわたしはこう考えている。気中の条理が学問の対象であることは論じるまでもない。しかし、気中の条理には、見解が二つある。すなわち、『条理は気に元々備わっている』のか、それとも『気が条理を生み出す』のかだが、ぜひともよく考えるべきだ。思うに『気が条理を生み出す』のである。気が活発に変動することによって、条理が生まれるのであり、はじめから条理が存在するのではない。これが（気が活発に変動する前は条理が生じていないので）いわゆる無善無悪ではないか」

注21　善無し悪無しの説（無善無悪説）：人に備わる本来の心そのものは善も悪もないということ（王陽明

『伝習録』)。

17

先生又曰ク、「善無シ悪無シトハ、形気未生ノ前ヲ言フナリ。形気既ニ生スルノ後ハ、善悪アリ、声臭アリ。コノ形気未生ノ前ニ推シ到レル者ハ、陽明先生一人ノミ。孟子ノ所謂性善[注22]トハ、已ニ形気ヲ成セルヨリ後ノ説ナリ。凡ソ動静ノ気ニ落ツレバ、則チ善無ク悪無キニ大虚ノ体ト言フ可ラザルノミ。」

先生がまた言われた。
「無善無悪とは、形あるものが生まれる前の状態を言うのだ。形ができあがった後は、善悪や声や臭いが生じる。この形あるものが生まれる前の状態を推し量ることができたのは、王陽明先生ただ一人である。『孟子』にいう『性善』は、ものごとの形や性質が出来あがった後の状態を言ったものである。およそ動静が気に働くと、無善無悪たる『大虚』の状態とは言えない」

注22　性善：人の生まれつきの性質は善であるという考え。

18

先生又曰ク、「善無シ悪無シハ、天地ヨリ言ヘバ則チ未ダ形気アラザルノ前ナリ。人心ヨリ言ヘバ、則チ未ダ事物ニ感ゼザルノ前ナリ。未ダ事物ニ感ゼザルノ前、一点意ヲ起サザレバ、則チ善無ク悪無キノ自然ナリ。凡ソ事来ツテ之ニ感ズルハ自然ナリ。之ヲ送迎スルハ皆動心ナリ。陽明先生ノ所謂格物[注23]ハ、事来ツテ感応シ、良知ノ自然ニ順フノミ。」

先生はまた言われた。

「無善無悪の状態は、自然界で言えば形あるものが生まれる前の状態である。人間で言えば、事物に感じない（他者との関係をもつ前の）状態だ。事物に感じない（他者との関係をもつ前の）ときは、少しも心の動きを起こさないので『無善無悪』の自然な状態である。そもそも、事物に当たり（他者と関係を持ち）、これに感応することは自然である。先送りし受け身になるのは、みな動心（心が動く）からだ。王陽明先生が唱えた『格物』とは、事が起こった時に感応し、良知の自然な働きに順うだけのことである」

注23　格物：『大学』に由来する言葉。朱子はすべてのものごとにある「理」をきわめていくことと解釈したが、王陽明は自らの意志の働きを正しくすることと理解した。

○

ここで方谷は、王陽明の「無善無悪説」について言及している。

方谷は、条理を生み出す前の自然な状態を無善無悪と呼んでいる。すなわち、「未ダ事物ニ感ゼザルノ前、一点意ヲ起サザレバ、則チ善無ク悪無キノ自然ナリ」と述べていることに注目すべきである。

方谷にとっては、「未ダ事物ニ感ゼザルノ前」が無善無悪の状態なのである。

無善無悪という言葉には、王陽明の弟子たちの間でもさまざまな解釈が生まれている。方谷は村上に対して、学説の内容にこだわるのではなく、『論語』や『孟子』などの古典を素直な解釈にもとづいて理解することが大切だと繰り返し述べている。

五、〝無善無悪〟と〝良知〟の関係について

19

作問ウテ曰ク、「気中ノ条理及ビ善無ク悪無キノ説、既ニ屡々《しばしば》教ヲ奉ズルヲ得。然レドモ作ヤ不敏、猶未ダ心ニ釈然《しゃくぜん》タラザル者アルヲ覚ユ。謹ミテ二疑ヲ陳べ以テ正ヲ請フ。気中ノ条理ノ説、前日先生曰フ、『条理気ニ存スルカ、気条理ヲ生ズルカ。モシ条理気ニ存スト言ハバ、是レ朱子ノ窠臼《かきゅう》ニ似ル。故ニ一気活発変動流行シ、斯ニ条理ヲ生ズ、始ヨリ条理ノ存スル有ルニ非ズ』ト。

作竊《ひそ》カニ思フ、条理ノ二字、之ヲ解スル如何ニ在ルノミ。モシ解シテ格式トナシ、事事各条理アリト謂フコト朱子ノ説ノ如クバ、則チ格式ニ膠《こう》シ、方所ニ滞《とどこお》ル、固ヨリ不可ト為スナリ。之ヲ解スルニ陽明蕺山《しゅうざん》ノ意ヲ以テセバ、即チ条理気ニ存スト言フモ亦タ不可ナシ。夫レ心ハ一気ノミ。気ハ虚体ナリ、格式ノ存セザルハ固ヨリナリ。然レドモ虚体中、自ラ理ヲ主トス、故ニ必ズ善ヲ好ミ、而シテ必ズ悪ヲ悪《にく》ムナリ。唯ダ其レ此ニ必《ひっ》ス、豈其ノ条理アルヲ以テニ非ザ

ルヤ。所謂良知ハ単ニ知ト曰ハズシテ、必ズ良ノ字ヲ加フルハ、蓋シ之ガ為メナリ。今曰フ、『気中元ト条理無シ』ト。竊カニ恐ル、茫乎《ぼうこ》トシテ主宰無ク、而シテ禅氏ノ作用之ヲ性ト謂フノ説モ不可ト為サザラン。作惑フ、請フ更ニ正ヲ賜へ。」

先生曰ク、「良知ノ良ハ善ノ謂ヒニ非ズシテ、自然ノ謂ヒナリ。此ノ気些子《さし》ノ執滞《しったい》ナク、自然ニ感発スル者之ヲ良知ト謂フナリ、故ニ良知ハ善ニ必スル者ニ非ズ。只ダ人ニ在リテハ即チ善ノミ。夫ノ豺狼《さいろう》ノ人ヲ害スル如キ、豺狼ニ在リテハ則チ良知ナリ。其他ノ万物皆善ニ必スルニ非ズ。人ニ在リテモ亦タ聖賢各剛柔ノ別アリ、一定ノ気ニ非ズ。唯ダ其ノ気ノ自然ニ順ヒ、些子ノ執滞無クバ、即チ条理自ラ生ズルナリ。此ノ意是レ最上乗ノ一機ナリ。愚老常ニ心ニ存スト雖モ、未ダ曾テ之ヲ人ニ語ラザルナリ。」

村上が尋ねて言った。

「気中の条理及び無善無悪説については、これまで何度も教えをいただきました。しかし、私がにぶいのか、いまだに釈然としないものがあります。謹んで二つの疑問を述べますので答えをください。気中の条理ですが、前日先生は、『条理が気の中に元々存在するのか、それとも気が条理を生み出すのか。もし、条理が気の中に存在すると考えれば、朱子の旧套（きまった型）に似る。もともと、気が活発に動き回ることによって条理が生まれるのであって、はじめから条理が存在するのではない』と言われました。

私の疑問は、ここにいう条理をどのように理解するのかということです。もし『格式（法則）』と理解して、もろもろのことがらに条理があると説く朱子のように解釈すると、その法則とは何かに執着して、考えがそこへ留まってしまいますから、よくありません。一方、条理を王陽明や劉蕺山のように考えても、条理が気の中にあると言えるのではないでしょうか。というのも、心は気そのものだからです。かつ、気は実体のないものですから、もともと法則もありません。しかし、実体はないけれども、理を主とするので、善なるものを肯定し、悪なるものを否定することになります。必ずそうするのも、条理が存在するからではないでしょうか。『良知』を単に『知』といわずに、必ず『良』の字を加えるのはこのためです。

今、先生は、『気の中に元々条理はない』と言われました。私が思うのに、（気が動き回るものであれば、）つかみどころがなくて、統括するものがありません。従って、禅宗で『作用』を『性』だとするのも間違いではないと考えます。私はよくわかりません。先生正解を教えてください」

先生が言われた。

「良知の良は善の意味ではなくて、自然（あるがまま）の意味である。この気が少しも滞ることなく、あるがままに感じ発動することを良知というのである。だから、良知は必ずしも善ではない。ただ、人間にとっては善であるだけだ。山犬や狼が人を襲うのも、山犬や狼にとっては良知なのである。それ以外のものにとっては必ずしも善ではない。人にも聖者賢人それぞれに違いがあるように、一定のものではない。気のあるがままの働きに従い、少しの滞りもなければ、条理はひとりでに生まれてくるのである。ここが最も重要なところである。私がいつも心がけているとはいえ、いまだかつて人に語ったことはない」

20

又問ウテ曰ク、「先生曰フ、『善無シ悪無シハ天地ニ在リテハ則チ未ダ形気アラザルノ前。人心ニ在リテハ則チ未ダ感動アラザルノ前。此ノ時空虚ノ体、些子ノ動機無シ、故ニ之ヲ善無シ悪無シト謂フ。其ノ既ニ感ジ既ニ形アレバ、則チ動機ノ指ス可キアリ、之ヲ善無シ悪無シト謂フ可カラズ』ト。是ノ如クバ則チ動静寂感《せき》、截然《せつ》分レテ二項ト為ル。作竊カニ惑フ。念菴《ねんあん》曰ク、『寂感ハ時ニ非ザルナリ、常寂ニシテ通徹ス、之ヲ感ト謂フ。常感ニシテ位ヲ出デズ、之ヲ寂ト謂フ』ト。此ノ説易《か》フ可カラザルヲ覚ユ、如何。敢テ正ヲ請フ。」

先生曰ク、「動静ハ倶ニ動ナリ。譬《たと》ヘバ呼吸ノ如シ、吸フ者ハ静ト雖モ、亦タ動中ノ事ナリ。動静ハ倶ニ時無シ、是レ善無シ悪無シノ体ナリ。」

また村上が尋ねて言った。

「先生は『無善無悪は、天地にあっては気が形を持つ前のことである。人の心でいうとまだ感情と行動の生まれていない状態のことである。このとき、心の中は空虚であり、何か事を起こそうとする動機もないから、これを無善無悪というのである。既に感知していたり形があれば、そこには動機が示されているので、無善無悪ということはできない』と言われました。それならば、動静寂感は、二つにはっきりと分かれることになります。

私は、心中ひそかに惑っています。念庵（羅洪先）は、『平静な状態も動きのある状態もその状態の時があるのではない。いつも平静を貫いている状態を『感』といい、活動していても調和がとれている状態が『寂《せき》』だ』といいます。この説は改めがたいと思いますが、いかがでしょうか。恐れ入りますがお教えください」

先生が言われた。

「動も静もともに『動』である。たとえば、呼吸のようなもので、吸うときは『静』であるが、それも『動』の中のことである。動静はどちらも、その状態があるのではない。これが無善無悪の実体である」

21

又問ウテ曰ク、「然ラバ即チ人心動静倶ニ無キノ時アル無シ、只ダ須《すべか》ラク動静ヲ離レテ善無ク悪無キノ体ヲ理会スベキカ。」

先生曰ク、「然リ。」


また村上が尋ねて言った。

「そうであれば、人の心の動きには動も静も必ずあるのですから、ぜひとも動や静と離れて、無善無悪の実体を理解すべきなのでしょうか」

先生が言われた。

「その通りである」

○

村上は、しばしば後世の学説にもとづいて古典や先学の説の解釈を質問し、方谷はその都度、「気一元論」にもとづいて説明し、あわせて古典への接し方も教えている。ここでも村上は、「気中の条理」「無善無悪」といった概念に疑問を投げかけている。

一つ目が「条理をどのように理解するのか」。そして、二つ目が「条理が気の中にあると言っても良いのではないか」である。

これらの疑問に対して方谷は、良知の「良」が、善の意味ではなく、むしろ、自然（あるがまま）の意味であるとしている。すなわち、「気些子《さし》ノ執滞《しったい》ナク、自然ニ感発スル者之ヲ良知ト謂フナリ」と答えている。さらに、「気ノ自然ニ順ヒ、些子ノ執滞無クバ、即チ条理自ラ生ズルナリ」とも述べる。

つまり、方谷は村上に、気から理が生ずること、良知の良は自然（あるがまま）の意味であることなどを教えている。その上で「豺狼《さいろう》ノ人ヲ害スル如キ、豺狼ニ在リテハ則チ良知ナリ。其他ノ万物皆善ニ必スルニ非ズ」と述べている所に、方谷思想の特色がある。

すなわち、良い行動や悪い行動があるのではなく、その行動があるがままかどうかということが大切だと言うのである。方谷自身が「愚老常ニ心ニ存スト雖モ、未ダ曾テ之ヲ人ニ語ラザルナリ」と述べているように、あるがままに行動することの努力を方谷はひと時も怠っていないのである。

また方谷は、「動静ハ倶ニ動ナリ」と述べる。さらに呼吸に例えて、境目がないことを説明している。動や静の状態とは何かという問題と、無善無悪の状態とは何かという問題は、別の問題であることを伝えようとしたのであり、そう理解した村上の問いに対して、最後に「然リ」と答えたのである。

六、〝良知〟が相対的概念であることについて

作問ウテ曰ク、「先生曾テ曰フ、『詩ハ言語ノ教ナリ、妙ハ風調ノ上ニ在リ』ト。又曰ク、『孔門ノ謂ハユル学ハ詩書礼楽制度ノ文ナリ、而シテ頭脳本原言外ニ隠然タリ』ト。此ノ二条、作教言ヲ奉承シ、沈潜反覆中夜以テ思ヒ、群疑融然トシテ消釈シ、喜ンデ自ラ禁ゼズ。

先生又嘗テ曰フ、『気ガ理ヲ生ズルナリ、理ガ気ニ存スルニ非ズ』ト。此ノ一条作猶ホ未ダ釈然タル能ハズ。夫レ気運ノ変、瞬息測ラレズ、固《もと》ヨリ一定ノ条理無シ。然レドモ気運ノ変ニ応ゼンニ、我ガ気ヲ舎《お》イテ何《いずれ》ノ所ニ其ノ則ヲ求メン。軽重大小ノ節、厚薄緩急ノ序、気能ク之ヲ弁ズルニ非ズシテ孰《いずれ》カ之ヲ弁ゼン。能ク軽重ヲ弁ジ、能ク大小ヲ弁ジ、能ク厚薄ヲ弁ジ、能ク緩急ヲ弁ズル者、気ノ天則ニ非ズヤ。天則モ亦タ天理ナリ。而シテ格式ノ理ニ非ザルナリ。夫レ理ガ気ニ存スルニ非ザルノ語、格式ニ滞《とどこお》ル者ヨリシテ言ヘバ則チ固《もと》ヨリ対症ノ薬タリ。然レドモ却テ天理ヲ併セテ之ヲ泯《ほろ》ボシ、茫乎《ぼうこ》トシテ主宰無キヲ恐ルルナリ。

他日先生又曰フ、『気ノ真体ハ良知ナリ。良ノ言タルヤ自然ナリ。善ノ義ニ非ザルナリ。故ニ良

知ハ善ニ必スル者ニ非ズ。豺狼《さいろう》ノ人ヲ噉噬《たんぜい》スル如キ、豺狼ニ在リテハ即チ良知タリ、其ノ自然ニ順フナリ。但ダ人ノ良知ハ即チ善ニシテ悪無シ』ト。作竊カニ謂フ、『人ノ良知ノ善ハ天理ニ非ズヤ。善ガ知ニ存スルモ、亦タ天理ガ気ニ存スルナリ。』先生又曰フ、『陽明先生善無ク悪無キノ説、未ダ形気アラザルノ始メニ原《もと》ヅイテ言フ。今主意工夫上ニ於テ裨《ひ》益スル所無クバ、終《つい》ニ蛇足《だそく》ニ属ス』ト。今理ガ気ニ存スルニ非ザルノ論モ、亦タ之ニ似タル無キヲ得ンカ、請フ更ニ明示ヲ垂レヨ。」

先生曰ク、「気ガ理ヲ生ズ、気ガ理ヲ泯《ほろ》ボスニ非ザルナリ。気アレバ即チ理アリ、理ガ気ニ存スト謂フモ可ナリ。但ダ理ハ気ニ従ウテ変化ス。若シ理ヲ以テ主宰トナシ、以テ気ヲ制セント欲ス、此レ其ノ理ニ滞ッテ気ノ活用ヲ妨グル所以ナリ。」

村上が尋ねて言った。

「先生はかつて言われました。『詩は言葉の教えであり、その妙味は風調にある』と。またこうも言われました。『孔子門下が一般に言う学問は詩書礼楽制度を学ぶものであり、頭脳や本質は表には表れていない』と。この二つを、私は先生の教えとして大切に承っています。そして、心を落ち着け、何度も夜中も考えることで、さまざまな疑問が解けて、すっかりなくなりました。この喜びを抑えることができません。

先生はまたかつてこうも言われました。『気が理を生み出すのであって、理が気の中に存在するのではない』と。このことはいまだ釈然としません。気が変化する様子は一瞬たりとも測定することはできませんし、もとより一定の条理はありません。しかし気運の変化へ対応するのに、気以外に一定の法則を求めることはできません。軽重大小・厚薄緩急の節序など、気が識別しないで何が識別するのでしょうか。よく軽重を識別し、よく大小を識別し、よく厚薄を識別し、よく緩急を識別するというのが、気の天則（天然自然の法則）ではないでしょうか。天則もまた天理です。『格式の理（法則や決まりごと）』ではありません。そもそも、『理が気の中に存在するのではない』という言葉は、格式にこだわる者からすると対症薬にしかすぎません。そうすると却って天理と共に天則がなくなることになり、主体となるものがはっきりせず、気を司るものが無いことを恐れます。

他日先生がまた言われたのに、『気の真体は良知である。良の意味は自然（あるがまま）である。善という意味ではない。それゆえ良知は善なる行為とは限らない。山犬が人を襲うのも、山犬にとっては良知であり、あるがままの働きに従っているのである。ただ、人間の良知には善があって悪はない』と。失礼ながら申上げます『人間の良知の善が天理ではないか。善が知の中にあるのと同じく、天理が気の中に存在するのだ』と。先生は又こう言われました。『王陽明先生の無善無悪説は、形ある物の現れない初源の状態について言っている。今この主旨が修養の上で役に立つことがなければ、結局無用なことだ』と。今、先生が言われる『理が気の中に存在するのではない』という理論もまたこれに似て無用となります。よくわかるように説明をお願いします」

先生が言われた。

「気が理を生み出すのであって、気が理をなくすのではない。気があればそこに理があるので、理が気の中に存在すると言うこともできる。ただ、理は気に従って変化するのである。もし理を主宰として気を制御しようとすると、理に滞ってしまい気の活用を妨げてしまう」

23

又曰ク、「人、手アリテ物ヲ持チ、足アリテ地ヲ行クハ気ノ運用ナリ。而シテ手足ノ気、強弱厚薄、千百等ヲ異ニシ、各自然ノ則アルモ亦タ気ノ変ナリ。」

また言われた。

「人に、手があって物を持ち、足があって歩くのは気がうまく働いているからである。そして、手足の有り様（気）が、強弱・厚薄さまざまに異なり、それぞれに自然の法則があるのも、気の変化である」

24

又曰ク、「軽重緩急ノ節序、気能ク之ヲ弁ズ。夫レ手アリ、持チテ而ル後軽重ヲ弁ズ、足アリ、行イテ而ル後能ク緩急ヲ弁ズ、然レドモ或ハ之ヲ弁ズル者ハ心ナリ、手足ニ非ザルナリト謂フカ。夫レ心モ亦タ気ノ知覚ナリ、手足ノ持ツト行クトニ従ツテ之ヲ知ル。手足ガ持チ且ツ行カズバ、則チ心知ル所ナシ。而ラバ之ヲ心ナシト謂フモ可ナリ。手足ノ感ハ即チ心ニシテ、別ニ心アルニ非ザルナリ。則チ軽重緩急ヲ弁ズル者ハ、気自ラ能ク之ヲ弁ズ。而シテ其ノ弁ズル所ニ従フ、此ノ気ノ天則ナリ、気ノ主宰ナリ。故ニ気中ニ在リテ謂ハユル天則主宰ナル者ヲ求メント欲スレバ、其ノ弊仏氏ノ観心《かんじん》[注24]ニ陥ラザレバ、則チ或ハ告子[注25]ガ其心ヲ強持シテ気ヲ養ワザルノ流《たぐい》ト為ル。或ハ理学者ノ一定ノ理ヲ執ツテ気ヲ制スルノ説ト為ル。」

また言われた。

「軽重緩急の順序や次第は、気によって識別されるのである。そもそも手で持ってみて、はじめて軽いとか重いとかいうことがわかる、足で歩いてみて、はじめて早いとか遅いとかいうことがわかる。しかし、常にこの軽重緩急を識別するのは心であって、手足ではないというのか。そもそも心もまた気が知覚したことであって、持ったり歩くことで知覚する。持ったり歩くことをしなければ、心は知覚しない。とすれば、これは心が存在しないということもできる。手足の感覚が心であって、別に心が存在するのではない。すなわち、軽重緩急を識別するのは、気自らがするのである。そしてその識別に従うことが気の天則（本来のあり方）であり、気の主宰である。であるから気の中にいわゆる天則・主宰を求めようとすれば、仏教にいう『観心《かんじん》』に陥るか、（『孟子養気章』にいう）告子が採るような心を強く持って気を養わない考え方になる。あるいは朱子学者がいう理によって気を制御する考え方となる」

注24　観心：己が心の本性を明らかに観照すること。自己の心を観察すること。仏道修行の根本として特に

天台宗で重視する。

注25　告子：中国の戦国時代の思想家。孟子の論敵で、性善説に反対して、性には善も不善もないこと、また気を取り去って心だけを鍛えることを主張した。

25

又曰ク、「軽重緩急自然ノ序ヲ失フニ至ルハ、之ヲ要スルニ其ノ過《あやま》チ、大気運用ノ外ニ於テ吾ガ心ヲ求メ、而シテ一心知覚ノ外ニ謂ハユル理ナル者ヲ求ムルニ起ル。毫釐《ごうり》ノ失ハ千里ノ謬《あやまり》ヲ致ス。思ハザル可ケンヤ。」

また言われた。

「軽重緩急の自然な流れを失うのは、気のあるがままの運用とは別に自分の心を求め、あるがままの知覚以外にいわゆる理を求めようとする過ちから起こる。初めは小さな誤りでも、終わりには大きな誤りとなる。よく気を付けねばならない」

26

又曰ク、「良ノ字善ノ義ニ非ズトハ、字義ヲ以テ之ヲ言フノミ。其ノ実ハ自然即チ善ナリ。良知ハ善ニ必スルニ非ズトノ説ハ、言語ニ滞ルヲ免レズ。豺狼人ヲ噉《くら》フハ豺狼ノ形気ヲ受ケテ、而シテ其ノ自然ニ順フ、之ヲ善ト謂フモ亦タ可ナリ。唯ダ人ノ形気ニ在リテ之ヲ不善ト謂フノミ。」

また言われた。
「良知の良が善の意味でないというのは、字の意味を言うに過ぎない。実際はあるがまま（自然）が善である。良知が必ずしも善ではないとの説は、言葉にとらわれている。山犬や狼が人を襲うのは、その獣の形質（形気）があるがままに従うからで、山犬や狼にとっては善ということもできる。ただ、人の有り様（形気）においては不善というだけだ」

27

又曰ク、「人ノ良知ヲ以テ善ト為スモ、亦タ人身ノ自然ニ順フノ謂ヒナリ。自然ニ逆ウテ而ル後ニ悪アリ而シテ善アリ、別ニ善アルニ非ザルナリ。人身未ダ生ゼズシテ順逆ノ言フ可キ無ケレバ、則チ之ヲ善無シ悪無シト謂フモ可ナリ。夫レ手ノ形アリ、其ノ生気自然ニ能ク物ヲ持ツハ手ノ善ナリ。足ノ形アリ、其ノ生気自然ニ能ク地ヲ歩ムハ、足ノ善ナリ。生気病アレバ則チ持チ且ツ行ク能ハズ、是レ則チ手足ノ悪ナリ。其ノ能ク持チ能ク行ク、之ヲ病ナシト謂フモ可ナリ、亦タ別ニ善アルニ非ザルナリ。病アルノ悪ニ対スレバ、則チ之ヲ善ト謂フモ亦タ可ナリ。良知ノ善悪ヲ知ルモ亦タ此ノ如シ。手足病無キ時其ノ能ク持チ能ク行クヲ覚エズ。纔《わずか》ニ病アツテ持ツト行クト意ノ如クナラザレバ、則チ其ノ不善ヲ覚ユ、而シテ平生持ツト行クトノ善タルヲ知ルノミ。而ルヲ況ンヤ未ダ手足ノ形アラザル前、豈悪ノ知ル可キ有ランヤ。此レ亦タ其ノ体ハ則チ善無ク悪無キコト知ル可キナリ。」

また言われた。

「人にあっては良知は善だとするのは、また、人間があるがままに従うという意味である。あるがままの自然な状態に逆らうことで悪になり、逆らわねば善になるのであって、悪と別個に善が存在するのではない。人間が生まれる前は、身体や気がどうこう言うこともないので、善も悪も存在しないということもできる。そもそも、手があり、自然と物を持つことができるのは手の善である。足があって、自然と歩くことができるのは、足の善である。（例えて言えば）病（のような差し障り）があれば自然と持ったり歩くことはできないのだが、これが手足の悪である。持ったり歩いたりすることができるのならば、病がないということもできるのであって、またこれとは別に善という状態があるわけではない。病がある状態を悪というのであれば、病が無い状態を善ということもできる。良知が善悪を知覚するのもこのようなものである。手足に病がないときは、持つことや歩くことが上手くできることを知覚しない。わずかに、病があって持ったり歩いたりが意のままにできなければ、善の状態でないと知覚するので、そのことによって平生の善を気付くにすぎない。であるから手足がまだ作られていなければ、どうして悪を知ることができようか。これもまた、気の本体（実体）は善の状態も悪の状態もないことを知るべきである」

◯

さらに村上は尋ねる。「気が理を生み出すこと」を具体的に教えていただきたいと。

村上は、気が理を生み出すメカニズムとは何なのか。もし方谷が述べるように、あるがままとしての良知の良が、気それ自体とするならば、良知自身が本来的な原理としての天理なのではないかと考える。もしそうであれば、天理が気の中に備わっていることになりはしないかというのである。

そこで方谷は、たとえ話を駆使して答えている。

まず、総論として気の優位性を説き、手足の動きが気の働きであることを述べる。問題は次である。方谷は、「軽重緩急ノ節序、気能ク之ヲ弁ズ」という。そして、手があって持ってはじめて重さがわかる。足があって歩いてはじめて速さがわかる。こうした感覚は気が認識しているのであって、手足が認識しているのではない。つまり、気自らの働きによる識別に従うことが気の本来のあり方であり、気の主体的な役割だと回答している。

加えて、村上が良知の良を善の意味ととらえていることに関連して、方谷は文字の意味とは別に、その実体が「あるがまま」であると述べる。そして、その具体例として「豺狼人ヲ噉《くら》フハ豺狼ノ形気ヲ受ケテ、而シテ其ノ自然ニ順フ、之ヲ善ト謂フモ亦タ可ナリ。唯ダ人ノ形気ニ在リテ之ヲ不善ト謂フノミ」と指摘し、あるがままであることがすべて善の状態ではないことを語る。獣にとっては善なる行為も、人間にとっては不善となり得ると述べていることに注目したい。

では人間にとっての善悪とは何なのか。方谷は「病アルノ悪ニ対スレバ、則チ之ヲ善ト謂フモ亦タ可ナリ。良知ノ善悪ヲ知ルモ亦タ此ノ如シ」と言う。人間にとっては、病、言わば差し障りの有無がその判断基準だというのである。

七、〝鬼神〟とは何か

作又問ウテ曰ク、「鬼神《きじん》ノ義タル、古ヨリ妖妄《ようぼう》ノ説多シ、固ヨリ取ルニ足ルナシ。宋儒造化祭祀ノ二義ヲ以テ之ヲ解クニ至テハ、詳《つまびらか》ニ似タリ。然レドモ其ノ説零砕《れいさい》支離恐ラクハ古義ニ非ズ。作竊カニ謂フ、六経《りくけい》称スル所ノ鬼神ハ他ニ非ザルナリ、感応ノ妙機是レノミ。蓋シ感応ノ機影響ヨリ捷《はや》シ、至微至霊測度《たく》ス可ラズ。物アリ陰《ひそか》ニ其機ヲ主《つかさ》ドル者ノ如シ。故ニ之ヲ名ヅケテ鬼神ト曰フナリ。

『中庸[注26]』ニ曰ク、『鬼神ノ徳タル其レ盛ナルカナ、之ヲ視テ見エズ、之ヲ聴テ聞エズ、物ニ体シテ遺《のこ》ス可ラズ』ト。天地感応ノ機ヲ謂フナリ。『天下ノ人ニ斉明盛服《さいめいせいふく》以テ祭祀ニ承《うけたまわ》ラシム、洋々乎《ようようこ》トシテ其ノ上ニ在《いま》ス如シ、其ノ左右ニ在ス如シ』ト。人心感応ノ機ヲ謂フナリ。之ヲ要スルニ人心ノ感応ハ即チ天地ノ感応ニツアルニ非ザルナリ。敢テ正ヲ請フ。」

先生曰ク、「鬼神ノ論ハ大略是ナリ。然レドモ鬼神ハ古祭祀ノ鬼神ノミ。後世ニ至テ造化ノ説アリ。畢竟《ひっきょう》推本セバ即チ感応ノ機ニ外ナラズ。」

村上作夫が尋ねて言った。

「『鬼神（万物の霊魂）』の意味には、古来より怪しい説が多くて、採るに値するものがありません。朱子学者の造化（天地の神霊）と祭祀（祖先の霊魂）の二つの意味で理解する考えは、詳しくできているようです。しかし些細でつまらない説であっておそらく元々の意味ではないと考えます。私が考えるのに、六経《りくけい》（儒学の基本経典。易経・詩経・書経など）がいう鬼神は、ほかでもなく、『感応の妙機（心が反応し動くまさにそのきっかけ）』ではないかと。思うに、私たちの反応は光や音よりも早く、この上なく小さくて不思議な働きなので、測ることができません。ものかげに潜んでそのきっかけを探るもののようです。そこで、名づけて『鬼神』というのだと。

『中庸』では『鬼神《きじん》の徳たる、其《そ》れ盛んなるかな。これを視《み》れども見えず、これを聴《き》けども聞こえず、物を体《たい》して遺《のこ》すべからず（神霊のはたらきというものは、いかにも盛んだね。形を視《み》ようとしても見えないし、音を聴《き》こうとしても聞こえないが、(それでいて）どんな事物とでもすべて洩《も》れなくいっしょになってはたらいている）』（第十三章）と言っています。これは、天地の反応のきっかけをいいます。『天下の人をして、斉明盛服《さいめいせいふく》して、以て祭祀を承《う》けしむ。洋洋乎《ようようこ》として、その上に在《あ》るが如く、その左右に在るが如し（天下の人びとに潔斎《けっさい》して身を清め、立派な服をつけて祭祀を受けつがせ、(祭場の）辺りいっぱいに満ちあふれて、人びとの頭上にあるかのようであり、また人びとの左右にあるかのようである）』（同章）とは、人の心が反応するきっかけを表わします。要するに、人の心の反応と天地の反応は別のものではありません。敢えて正しく教えてください」

先生が言われた。

「鬼神に関する考え方は、およその通りである。しかし、鬼神は古代の祭祀における祖霊だけだ。

後世に至って、鬼神は天地の働き（自然現象）だという説がある。つきつめて考えてみれば、心の反応のきっかけにほかならない」

注26　中庸：「四書」のひとつ。孔子の孫である子思の作といわれる。中正で、行きすぎや不足のない徳（中庸）を説く。

○

村上との最後の問弁は、「鬼神論」である。

これまで、気の優位性にもとづいて説いてきた方谷に対して、村上は、鬼神というきわめて抽象度の高いものについても、朱子学にいう自然現象（荒神）と祖霊の二元論の可否を尋ねているのである。

方谷は、村上のいう「感応の妙機」を是とし、鬼神は「畢竟《ひっきょう》推本セバ即チ感応ノ機ニ外ナラズ」と結論付けている。

1

第三章　島村久との問弁

○島村久トノ問弁（久杏塢《きょうお》ト号ス、同郷同学ノ人ナリ）

島村久との問答（島村久は「杏塢」と号する。私こと岡本巍《たかし》と同郷同学の人物である）

一、〝無善無悪〟の状態について

久問ウテ曰ク、「先生嘗テ曰フ、『陽明ノ善無ク悪無キノ説、人身未ダ生ゼズ而シテ形気順逆ノ言フ可キ無ケレバ、則チ之ヲ善無ク悪無シト謂フ、固ヨリ可ナリ。人身已《すで》ニ生ジ、而シテ形気已ニ物ニ接スレバ、則チ順アリ逆アルナリ。故ニ天地万物形躯《く》ヨリ而下《じ》ハ皆悉《ことごと》ク善アリ悪アル者ナリ。然レドモ其ノ形気未ダ物ニ接セザレバ、亦タ之ヲ善無ク悪無キノ時ト謂フモ何ノ不可カ之レアランヤ』ト。因テ久潜心深ク之ヲ思フ。」

先生曰ク、「形気已ニ生ズ、物ニ接セザルノ時アル無シ。念念感応相継ギ相代ル、善無シ悪ナシ亦豈時ノ指ス可キ有ランヤ。而シテ相継ギ相代ルノ際、間髪ヲ容《い》レズ。前念ノ息《や》ム何《いずれ》ノ処ニ向テ去ル、後念ノ生ズル何ノ処ヨリ来ル。去来ノ迹《あと》ヲ認メ得バ、則チ善悪ノ境無キコト始メテ悟《さと》リ得ベキナリ。喜怒哀楽未発ノ中《ちゅう》、発シテ節ニ中《あた》ルノ外ニ在ルニ非ザル者モ亦タ知ル可キナリ。若シ夫レ天地万物生生息マザル者ヲ以テ之ヲ言フモ亦タ同一理ナリ。形気未ダ生ゼザレバ時ノ指ス可キ無シ。苟《いやしく》モ此ニ得ルアラバ、則チ陰陽昼夜死生ノ道、一挙シテ悟ル可キノミ。」

島村が尋ねて言った。

「先生はかつてこう言われました。『王陽明の無善無悪説は、人が生まれる前は形気がどうであると言えないので、無善無悪と言うのだが、このことは言うまでもなく良い。人が生まれて、物事との関係性を持つと、それとの関係性に従うことも逆らうこともある。それゆえ、現実の世界には善も悪もある。しかし、まだ形気が物事との関係性を持っていなければ、善も悪もないと言ってどこに良くないことがあろうか』と。私はこの意味を心静かに深く考えています」

先生が言われた。

「形気が生ずれば、物事との関係性をもたない時はない。その時その時の反応は適宜変わるので、ある瞬間をさして無善無悪の状態だと言うことはできない。変化するときは、間髪を入れない。前の対応がどこへ消え、後の対応はどこから生まれてくるのか。その経過をたどることができれば、善悪に境がないことに始めて気付くことができるだろう。『中庸（第一章）』にいう『喜怒哀楽《きどあいらく》の未《いま》だ発せざる、これを中《ちゅう》と謂う。発して皆《み》な節に中《あた》る（喜・怒・哀・楽などの感情が動き出す前の平静な状態、それを中という。感情は動き出したが、それらがみな然るべき節度にぴたりとかなっている)』ことを知るべきである。天地万物が時々刻々と変化してゆくことをこういうのも同じ理屈である。形気がまだ生じていなければ、善悪といった状態の瞬間を指し示すこともできない。このことがわかれば、陰陽や昼夜といった自然現象及び人の生死といったものは、すべて理解することができる」

2

夫レ形気ニ自然ノ順逆アリ、而ル後善悪ノ名アルナリ。蓋シ耳ノ形気ハ自然ニ能ク聞ク、耳ノ善ナリ。目ノ形気ハ自然ニ能ク見ル、目ノ善ナリ。手足ノ形気ハ自然ニ能ク持チ且ツ能ク行ク、手足ノ善ナリ。耳目手足ノ形気ニ一毫ノ障礙《がい》アラバ。則チ聞見持行ノ自然ニ非ズ、此レ耳目手足ノ悪ナリ。

故ニ善ノ名ハ障礙ノ悪アルニ対シテ之ヲ善ト謂フノミ。則チ畢竟《ひっきょう》善無ク悪無キノ語ハ、只ダ是レ自然ノ謂ヒナリ。此レ猶ホ『孟子』ノ所謂直ヲ以テ養ウノ直ニシテ、而シテ後人ノ善念無ク悪念無シ功夫純熟ノ極ト謂フガ如キノ類ニ非ザルナリ。

且ツ直ヲ以テ養ウノ直ハ、即チ功夫純熟スルヲ待チテ而ル後然ルニ非ザルナリ。是レ疑惑ヲ為スニ足ラズ。惟ダ疑惑スル所ハ、則チ形躯《く》而下ハ皆悉ク善アリ悪アルノ一段ナリ。今夫レ孩提《がいてい》ノ童ハ自然ニ其ノ親ヲ愛スルヲ知リ、自然ニ其ノ兄ヲ敬スルヲ知ル者ハ、此レ生生ノ形気ニシテ、而シテ良知自然ノ発見ナリ。然リ而シテ其ノ自然ニ順ヘバ之ヲ善ト謂フ、其ノ自然ニ逆ヘバ之ヲ悪ト謂フ、所謂善有リ悪有ル者ハ固ヨリ當レリ。然レドモ其ノ発見ノ生生自然ヲ指《さ》シテ而シテ之ヲ善無ク悪無シ自然ノ本体ト謂フモ亦タ不可無キニ似タリ。
又曰ク、「コノ疑惑ハ汝中《じょちゅう》[注27]徳洪《とくこう》[注28]ノ論ズル所、已ニ之ヲ王子ニ質《ただ》セリ。而シテ汝中ノ見ル所コノ説ト一般ナリ。王子ノ判スル所ヲ観バ、即チ以テ疑惑ヲ解ク可キナリ。」

（島村が尋ねるのに）

「形気は自然の道理に従うことも背くこともあり、その結果として善であるとか、悪であるといいます。要するに、耳の形気はありのままに聞くことであり、これが耳の善です。目の形気はありのままに見ることであり、これが目の善です。手足の形気はありのままに持つことや動くことができることであり、これが手足の善です。耳目手足の形気にわずかでも障害となるものがあれば、聞く・見る・持つ・動くという本来の働きができなくなりますが、これが耳や目、手足にとっての悪です。

ですから、差し障りがあることで十分な働きができない状態を悪というのに対して、そうでない状態のことを善と呼んでいるのにすぎません。つまり、無善無悪は、自然（あるがまま）の意味です。これが『孟子』のいう『直養（ひたすら励む）』の『直（ひたすら）』であって、後の時代の人が言うように、善念も悪念もないのが工夫の極みというようなものではありません。
と同時に、直養の直は、努力の結果そうなるという意味ではありません。このことに疑問は感じません。ただ疑問なのは、先生の言われる『現実の世界には善も悪もある』という件です。たとえば、二、三歳の幼児が自然に親を愛し、年長者を自然に敬うのは、生まれながらの形気の働きであり、これは良知が自然に発見したことです。あるがままに従うのを善といい、あるがままに逆らうのを悪という意味での善悪があるのはそのとおりです。しかし、良知が発見したあるがままの状態が無善無悪の本来の形だということもできないわけではありません」

また方谷先生が言われた。

「この疑問は王汝中（王龍渓）・銭徳洪（銭緒山）が議論し、すでに王陽明に質問している。君の考えは王汝中の考えと同じであって、王陽明の答えを見ればその疑問を解くことができる」

注27　汝中：（じょちゅう：一四九八〜一五八三）姓は王、名は畿、龍渓と号す。中国・明代の儒学者で浙江省山陰県の人。銭徳洪と共に王陽明の代表的な弟子として陽明学を広めることに尽力した。

注28　徳洪：（とくこう：一四九六〜一五七四）銭徳洪、緒山と号す。明代の儒学者で、浙江省餘姚の人。王龍渓と並び称される王門の高弟。王陽明の「年譜」を書くとともに、文章・語録などの集大成である『王文成公全書』の編纂に多大な功績があった。

○

島村の第一の論点は、「無善無悪」についてである。

先の村上との問弁を通じて、方谷は気の優位性を説き、その自然（あるがまま）にゆだねることによって「気中の条理」が発動して、正しい行いになると教えている。

この気中の条理が発動する前の状態が、王陽明のいう無善無悪である。なぜなら、物事の関係性に従うとか逆らうといったことができないからだと説く。

方谷のこの考え方について、島村が改めて尋ねたところ、方谷は、「前念ノ息《や》ム何《いずれ》ノ処ニ向テ去ル、後念ノ生ズル何ノ処ヨリ来ル。去来ノ迹《あと》ヲ認メ得バ、則チ善悪ノ境無キコト始メテ悟《さと》リ得ベキナリ」と述べて、知覚から反応へと移る認識過程は一連のものであり、善悪には境がないと教えた。

そこで島村は、方谷が村上へ説明した手足の動きの例に基づいて、善や悪といった道徳的な価値基準についても、差し障りがあることで十分な働きができない状態を悪と、そうでない状態のことを善と呼んでいる、と理解した。善悪の概念は、道徳的な二つの状態ではなくて、差し障りがあるかないかという文字どおりの「有るか無しか」の状態だというのである。

島村は、ここからさらに一歩深めた疑問を投げかけている。

子どもが親を愛すること、年少者が年長者を敬うことは、そもそも誰かにいわれたからするのではなくて、文字どおり自然な行動であるというのならば、「生生自然ヲ指《さ》シテ而シテ之ヲ善無ク悪無シ自然ノ本体ト謂フモ亦タ不可無キニ似タリ」という発言がそれだ。

そこで方谷は、島村の疑問が『伝習録』の「天泉橋問答」における王汝中（王龍渓）と銭徳洪（銭緒山）のうち、王汝中の考え方だという。

「天泉橋問答」は、『伝習録』の白眉ともいえる著名な問答である。

王陽明のいう無善無悪を、王汝中（王学左派）は「心の本体がそれこそ善悪を個有している」（吉田一九九五）と理解した。一方、銭徳洪（王学右派）は「もともと善も悪もないが、人間には後天的に身

につい た習心（視聴覚を通して形成された意念）があるので意念の場に善悪を結果してしまう」（吉田　同書）と理解した。

方谷は、島村が善悪の存在を前提としている点で王汝中の考え方に近いと評価した。王陽明は、王汝中・銭徳洪の二つの考え方は学ぶ者の素質に対応したもの（素質の優れた人が王汝中の考え方。普通の人が銭徳洪の考え方）ととらえているが、方谷も島村を王汝中になぞらえている。

二、〝無善無悪〟を唱えた理由と〝無善無悪〟の効果について

3

「然ラザレバ則チ陽明ノ善無ク悪無シ心ノ体ト言フ者ハ、人身形躯ニ関セズ、学問功夫ノ上ニ於テ一毫ノ裨《ひ》益有ルナシ。而シテ此ノ転折不完ノ語ヲ為ス、贅疣《ぜいゆう》ニ属スル者ニ似ル。若シ夫レ心ノ本体ヲ以テ贅疣ト為サバ、則チ直ヲ以テ養フノ直モ亦タ蛇足《だそく》ニ属スルニ非ザルカ。敢テ請フ幸ニ明教ヲ垂レヨ。」

又曰ク、「学問ノ道ハ誠意ノミ。意ノ発スル所善アリ悪アリ、而シテ誠ハ自然ノ謂ヒナリ。自然ニ従フ之ヲ善ト謂フ、自然ニ従ハザル之ヲ悪ト謂フ。故ニ誠意ノ工夫ハ、念念精察シテ其ノ自然ニ従ハザル者ヲ去レバ則チ善ニシテ悪無シ。大学ノ教タル、亦タ此ノ如キノミ。夫ノ善無ク悪無キノ体ノ若キハ、聖経賢伝未ダ嘗テ言ハザル所ニシテ、之ヲ言フハ陽明王子ヨリ始マル。且ツ其ノ言人身ニ関セズシテ工夫ニ益無キ者ニ似ル、因テ後人ノ譏《そしり》ヲ来タシ、目《もく》シテ異学ト為

ス、固ヨリ其ノ免レザル所ナリ。然レドモ吾嘗テ反復王子ノ書ヲ誦読シ、ソノ旨ヲ玩《がん》索シ、而シテ後深ク其ノ一生苦心ノ集ル所竟《つい》ニ此ノ言ヲ成スヲ知ルナリ。

蓋シ古ノ時、風気淳樸《じゅんぼく》、人心易直《いちょく》、其ノ善ハ皆自然ノ誠ヨリ出デ、而シテ悪ナルモノ自ラ掩《おお》フ能ハズ、真善真悪判然トシテ見ル可シ。故ニ学者ノ工夫ハ善ヲ為シ悪ヲ去ルノ一言ニシテ而シテ足レリ。世降《ふ》リ道微《び》ニ、風気澆濁《ぎょうだく》、人心険邪、其ノ悪ナルモノ偽詐百出スル固ヨリ論ズルヲ待タズ。其ノ善ナルモノモ、亦タ自然ノ誠ニ本《もとづ》カズ、而シテ構成造為ノ末ニ出テ、人人ノ心胸先ヅ一個ノ善ヲ蓄蔵シ、或ハ矯《きょう》飾、或ハ偏執、以テ己ヲ是《ぜ》トシ人ヲ非トシ、競争勝ヲ求ムルノ源其ノ流レノ至ル所、覇《は》術ト為リ、異端ト為リ、色荘《しきそう》ト為リ、郷原《きょうげん》ト為リ、朋党《ほうとう》ト為リ、激徒ト為リ、浮華ト為リ、枯槁《ここう》ト為ル。弊害並ビ起リ。変化測ラレズ。道ノ壊敗、世ノ過乱、未ダ嘗テ此ニ由《よ》ラズンバアラズ。

而シテ其ノ人畢生《ひっせい》勉行スル所、自ラ執テ以テ善ヲ為サザルルハナシ。善悪ノ分混淆棼乱《こんこうふんらん》シ、天下ノ人貿貿焉《えん》トシテ其ノ帰ヲ知ル者無シ。嗚呼善悪ノ名一タビ立ツ、孰《たれ》カ流弊ノ甚ダシキ其ノ竟《つい》ニ此ニ至ルヲ知ランヤ。王子晩近《ばんきん》極弊ノ時ニ生レ、深ク流弊ノ原《もと》ヅク所ヲ察シ、百錬千磨身ヲ以テ之ヲ試ミ、遂ニ良知ノ学ヲ発明シ、一世ノ学者ヲ悟《さ》トシ、以テ千古ノ弊害ヲ除カント欲ス。而ルニ後学ノ徒、又ソノ本旨ヲ失ヒ、各其ノ見ル所ヲ執テ以テ己ノ良知ト為シ、家家説ヲ異ニシ、人人行ヲ殊《こと》ニシ、争競ノ弊、又将ニ甚ダシキ者有《あら》ントス。是ニ於テカ決然果断、古今未ダ有ラザルノ一句ヲ唱ヘ出シ、而シテ天下万口ノ譏《そしり》ヲ顧ミズ、一世ノ人ヲシテ善悪ノ域ヲ超越シ、意念未発ノ源《みなもと》ニ泝《さかのぼ》リ、其ノ善者ニ構成造為ノ計ヲ去リ、而シテ悉ク自然ノ誠ニ出デシメント欲ス、其ノ言タル已《や》ムヲ得ザルノ挙ニ出ヅト雖モ、而モ其ノ苦心ノ深キ亦タ悲シム可キノミ。

今其ノ書ヲ読ンデ其ノ学ヲ講ジ、力ヲ実地ニ用ヒント欲セバ、必ズ先ヅ其ノ苦心ノ在ル所ヲ知ツテ、而シテ深旨ヲ言外ニ得ルアラバ、則チ以テ季世ノ弊習ヲ蕩拂《とうふつ》シテ而シテ古代ノ大道ヲ回復スルニ足ラン。子思《しし》[注29]子異端ノ道ヲ害スルヲ憂ヘテ、未発ノ中ヲ剏言《そうげん》シテ以テ人道ノ大本ト為ス。苦心ノ在ル所千載一揆《せんざいいっき》ナリ。其レ孰《たれ》カ人身ニ関セズシテ工夫ニ益無シト謂ハンヤ。」

（島村がさらに尋ねた）

「そうであれば、王陽明の言う善も悪もないのが心の本体だと言う考えは、人間の身体に関するものではないので、学問修養には少しも役立ちません。複雑で不完全な用語は、学問には無用の長物です。もしも、心の本体が無用の長物だとすれば、孟子のいう『直養』の『直』も無用なつけたしではないでしょうか。恐れ入りますが、どうかよくわかるようにお教えください」

そこで先生はこう言われた。

「学問の道は『誠意』のみである。意の発する所には善も悪もある。そして、『誠』は、あるがままの意味である。つまり、自然（あるがまま）に従うのを善といい、それに従わないのを悪というのである。ゆえに、誠意の工夫は、よくよく考えて、あるがままでないもの（私意）を取り去ることであり、そうすれば善になり悪でなくなる。『大学』の教えは、このことに尽きる。無善無悪の考え方は、聖人・古典・大学者やその著述でも言われたことがなく、王陽明から始まる。しかも、この無善無悪という言葉は、人のあり方に関するものでないために、工夫する甲斐がないととらえられた。それゆえ、後の人の批判を受け、結果として異端の学問となったのだが、陽明学にはそうした批判を免れることができないところが元々ある。しかし、私はかつて何度も王陽明の書物を声に出して読み、その言わんとすることを研究した結果、陽明先生が自身の一生を通じて苦心した上でつかんだのがこの言葉だと知った。

そもそも古くは人々の心は純朴であり、平易でまっすぐだったので、善はすべて自然の誠から出てきたために、悪が自らを覆い隠すことができなかった。そこで、本当の善と本当の悪をはっきりと区別することができたのである。このため学者の工夫は『善を行い悪を取り去る』の一言で足りたのだが、時代が下り人の進むべき道が衰微して、風紀は乱れ、人の心は邪《よこしま》になって、偽りや欺《あざむ》きが多く出てきたのは言うまでもない。その善なるものもまた、自然の誠に基づかず、『構成造為』（作為的意図・功利的打算）から出てくるようになった。人々の心の中には、構成造為による善が蓄えられ、或る時は偽りで飾り、或る時は偏った考えにとらわれて、自らを正当化し他人を不当評価することとなり、これが競争に勝ちを求める源となって、覇術に、異端に、まじめぶった顔に、偽善者に、徒党に、過激な集団に、うわべだけの華美になり、落ちぶれることになった。弊害がつぎつぎと起こった。次はどうなるか分からない。人の進むべき道がすたれ、世が乱れるのは、いつもこのためである。

しかし、誰でも生涯ひたすら学び努力すれば、自ら進んで善をなすようになる。ところが今は善悪の判断が入り乱れ、道理が誰にも見えなくなり、その結果どうなるかは誰にもわからない。ああ、善悪の名が一旦立つことの弊害の甚だしさは、ついにここまで来てしまった。王陽明は（朱子の時代に比べて）その弊害が著しい時代に生まれ、深くその原因を調べ、自らを鍛錬することによって良知の学問を立てた。その時代の学者を悟し、これまでのさまざまな弊害を取り除こうとしたのである。ところが後学の徒《やから》は、その本旨がわからなくなり、それぞれの理解するところを自分なりの良知として、論者ごとに説を異にし、行動を異にしたので、自らの正しさを競うことの弊害は、まさに甚だしいものがある。そこで王陽明は、思いきって、これまでになかった言葉を唱えたのである。世の人々からの批判を省みず、当時の人に対して、事の良し悪しではなく、意思の生まれる前にさかのぼって、善といわれるものから構成造為を取り去り、すべて自然の誠から出そうとしたのである。無善無悪という彼の言葉は、やむを得ないものとはいえ、その苦心には深く心が痛む。

今、王陽明の著作を読んで、その学問を講じ、実践しようと思うのであれば、まず彼の苦心を知り、さらにその深い意味を体得すれば、時代の悪しき習慣を破り、いにしえのすぐれた道を回復できるだろう。子思は、異端の考え方が『道』を害することを憂いて、『中庸』の中で「未発の中」という言葉を、はじめて、人の道の『大本』としたのである。苦心するには良い機会であった。無善無悪が人のあり方に関係しないからといって、努力することに何の利益もないとは言えない」

注29　子思：（しし：前四九二？〜四三一？）中国・戦国時代初期の思想家、儒家。孔子の孫。子思は曾子（そうし）に学び、孟子は子思の門人に学んだとされる。『中庸』は『史記「孔子世家」』に子思が作ったと明記されている。

○

島村の問弁からは、方谷のいう気を必死にイメージしようとする姿が垣間見える。気の働きが万物の形成に結び付くとする考え方は、いま自分たちが学ぼうとしているものとは別ではないか、と考えたのは、その表れだ。

それに対する方谷の答えは実に明瞭だ。「学問ノ道ハ誠意ノミ」と。

方谷は一貫して、あるがままを重んじる。そして、あるがままに従うのを善、従わないのを悪とする。そこには、道徳的な価値判断はない。そして、このあるがままの状態が「無善無悪」だと気付いたのが王陽明だと評価しているのである。

ここで島村への答えは終わっているが、この後に方谷の熱情のこもった長い発言が続いていることに注目したい。

すなわち、「世降《ふ》リ道微《び》ニ、風気澆濁《ぎょうだく》、人心険邪、其ノ悪ナルモノ僞詐百出スル固ヨリ論ズルヲ待タズ」と、まず、時代認識を説く。そして、その問題点として「其ノ善ナルモノモ、亦タ自然ノ誠ニ本カズ、而シテ構成造為ノ末ニ出」たことを指摘し、これが原因となって「己ヲ是《ぜ》トシ人ヲ非トシ」たことを嘆いている。

さらに、その後には、畳みかけるように激しい言葉が続いている。すなわち、「覇《は》術ト為リ、異端ト為リ、色荘《しきそう》ト為リ、郷原《きょうげん》ト為リ、朋党《ほうとう》ト為リ、激徒ト為リ、浮華ト為リ、枯槁《ここう》ト為ル」と。この激しい語調の裏には、幕末維新の動乱の渦中で方谷が見た、さまざまな権謀術数への生々しい感慨が込められているのであろう。

方谷と同じ思いをはるか前に抱き、悩み、そして教え導いてくれたのが、王陽明であり、良知の学問であり、無善無悪の思想だったのである。

第四章　岡本巍との問弁

○岡本巍トノ問弁

岡本巍との問答

一、〝性〟とは何か、について

巍問ウテ曰ク、「曩《さき》ニ先生ノ言ニ曰フ、『夫レ性[注30]ノ名タルヤ、形ヨリ而上《じじょう》絶《たえ》テ性ノ言フ可キ無シ。形ヨリ而下《じか》、始メテ性ノ言フ可キアリ。然レドモ朱子此ノ性ヲ以テ形ヨリ而上ニ置キ、而シテ此ノ性ヲ以テ仁義礼智[注31]ノ理ヲ具《そな》フト為ス。此レ思索構成ノ理ト為ル所以ニシテ、而モ其ノ性ヲ見ルコト亦タ未ダ尽サザルナリ。若シ夫レ形ヨリ而下始メテ性ノ言フ可キアルヲ知ラバ、則チ此ノ性ヲ以テ仁義礼智ノ理アリト為ス、亦タ何ノ不可カ之有ラン』ト。

巍因リテ聊《いささ》カ警発スル所アリ。亦タ聊カ疑惑スル所アリ。夫レ形ヨリ而上ハ大虚ノ神気ナリ。唯ダ其レ大虚ナリ、其ノ条理未ダ曾テ具在スルアラザルナリ。其ノ善悪モ亦タ未ダ曾テ定存スルアラザルナリ。唯其ノ神気ヤ自然ニ発用シテ息《や》マザルノミ。発用シテ息マズ、神結ボレ気凝《こ》リ以テ万形ヲナス。故ニ万形皆唯ダ一神気ノミ。是ノ故ニ気ハ形ノ上下ヲ貫クモノナリ。形ヨリ而下ノ気ハ即チ形ヨリ而上ノ気ナリ。形ヨリ而上ノ気ハ即チ形ヨリ而下ノ気ナリ。且ツ夫レ所謂性ハ即チ此ノ気ナリ。

巍が尋ねて言った。

「以前に先生のお言葉に、『「性」を形而上の抽象的な概念として議論してはいけない。形而下の具体的な概念として議論して、始めて性が何であるかを理解できる。ところが朱子はこの性を形而上のものと位置付けて、その中に仁義礼智という根本的な原理が備わっているとした。これは思索構成的な理屈であり、いまだに性の本質をとらえていない。もし性を形而下のものとして具体的に語ることができれば、性に仁義礼智の原理があると言ってもかまわない』とあります。

私は、このお言葉によって少し迷いが開かれました。しかし、いささか疑問に思うところがあります。そもそも、この世界の根本原理は、形而上的には大いなる気の働きである『大虚の神気』です。まさに何も無い(大虚)のですから、条理が具体的な形で存在することはありません。善悪もはっきりとした形で存在しません。神気があるがままの働きに従って変化し続けるだけです。変化し続けることによって、神気が結びつき気が固まって万物ができあがるのです。つまり、万物には神気が存在するだけです。ですから、気はこの世界のすべての物を貫くものです。気が具体的な形状を持っても、そこには抽象的な本質が示されており、気が抽象的な概念であっても、そこには具体的な形質が示されています。そしていわゆる『性』はこの気なのです。

注30　性：「性」とは人間の生まれつきの本性であると同時に、人間の「理」であり、そしてその「性」は善なるものである、とするのが儒教の性善説である。「性」は人間以外にも当てはめることができ、それぞれの生まれつきの自然な本性が「性」と呼ばれる。

注31　仁義礼智：儒教で大切と考えられている徳。孔子ははじめ仁、礼を説き、孟子が仁、義、礼、智の四項目を説いた。前漢の董仲舒《とうちゅうじょ》（紀元前一七六～紀元前一〇四。儒家の思想を国教とすることを献策し、儒教の基礎を作った。）は五行説にならって仁義礼智信として「五常の徳」とした。

1－2

（続）故ニ生ヤ食色《しょくしょく》ヤ形色《けいしょく》ヤ皆此ノ気ナリ。然リ而シテ既ニ気結ボレ形生ズレバ、則チ此ノ形気ニ就テ其ノ命根ヲ言ハザル可カラズ。故ニ其ノ命根ニ就イテ而シテ此ノ性ノ名ヲ立ツ、此レ形ヨリ而下始テ性ノ名ヅク可キアル所以ナルカ。然ラバ則チ朱子ハ此性ヲ以テ形ヨリ而上ニ置キ、而シテ此ノ性ヲ以テ仁義礼智ノ理ヲ具フトナスモノ。此レ思索構成ノ理ニシテ、而シテ其ノ性ヲ見ルコト未ダ尽サザルモノ既ニ明了ヲ覚ユ。是レ其ノ聊カ警発スル所アルモノナリ。然リ而シテ巍竊《ひそ》カニ思フ、形ヨリ而下始メテ此ノ性ノ名アリト雖モ、而カモソノ物タルヤ、形ヨリ而上ノ神気ナリ。夫レ形ヨリ而上ノ神気ハ、其ノ条理未ダ曽テ具在スルアラズ。而シテ其ノ善悪モ亦タ未ダ曽テ定存スルアラズ。則チ形ヨリ而下ノ性ナルモノモ、亦タ仁義礼智ノ理未ダ曽テ具在スルアラザルナリ。其ノ善悪モ亦タ未ダ曽テ定存スルアラザルナリ。然リ而シテ既ニ其ノ形ヲ結べバ、則チ其ノ性ニ惻《そく》隠《いん》羞《しゅう》悪《お》辞《じ》譲《じょう》是《ぜ》非《ひ》ノ条理アリ、即チ自然ノ善ナリ。夫レ此ノ如キ者ハ他無シ、其レ形ヨリ而上ノ本体ハ其ノ条理未ダ曽テ具在スルアラザルノ故ナリ。其ノ善悪モ亦タ未ダ曽テ定存スルアラザルノ故ナリ。此レ無ハ即チ有、有ハ即チ無ナル所以ナリ。

是ノ故ニ生ヤ食色ヤ形色ヤ、唯ダ其ノ自然ヲ得レバ、則チ仁トナリ義トナリ礼トナリ智トナリ、其ノ条理ハ千変万化測ル可カラザルモノアリ。若シ其ノ自然ヲ失ヘバ、則チ不仁不義トナリ無礼無知トナリ、其ノ偽詐百出シ為サザル所無キニ至ル、是ニ於テカ善悪ノ名アリ。故ニ既ニ気結ボレ形生ズレバ、則チ必ズ善悪ノ名ヅク可キアリ、必ズ理非理ノ言フ可キアリ。

ですから、生きていることや食欲・性欲や容色といったものは、すべて気の働きなのです。従って、いったん気が凝集して形となれば、『命根（生命の根源）』ということができます。この命根を『性』と名付けることができ、こう考えることではじめて、性を具体的に定義することができるのではないでしょうか。とすれば、朱子が説くように、性を抽象的概念ととらえて、その性に仁義礼智が備わっていると考えることは、意図的に構成した思索構成的な考え方であり、性が何なのか説明されていないことは明らかだと思います。このことには、いささか教えられるところがあります。

そこで私が思うのに、具体的なものとして性を定義したとしても、実はそれ自身は抽象的な神気です。その神気には、条理がいまだかつて具体的な形で存在したことがありません。だから、善悪もいまだはっきりこれだという形で存在しないのです。すなわち、具体的なものとしての性も、仁義礼智の条理も、具体的な形で存在したことがありません。ものごとの善悪も定まった形で存在したことはありません。気がさまざまな形をとったもの、すなわち性に、人間の本来の性質である惻隠（深く憐れんで心に悲しむこと）・羞悪（自分の不善を恥じ、他人の不善を憎むこと）・辞譲（辞退して他人に譲ること）及び是非（良いことを是とし、悪いことを非とすること）の条理が存在するのですが、これこそ自然（あるがまま）の善なのです。

こうしたものが他に無いのは、抽象的な概念である本体に、条理が実体として存在したことがないからです。善悪もまた明確な形を持って存在しない（気に、抽象的な「エネルギー」の側面と具体的な「物質」の側面とがある）からです。これが、抽象的な存在（すなわち、無）であっても具体的な存在（すなわち、有）であり、形あるもの（すなわち、有）であっても、形の無いもの（すなわち、無）である理由です。

このことから、生きていることや食欲・性欲そして容色といったものごとに、自然（あるがまま）の性質が備われば、仁義礼智となります。しかし、その条理はさまざまに変化するので、どのようにしてそうなるのかを見定めることはできません。もし自然（あるがまま）でなくなると、不仁・不義、無礼・無知となり、偽りのものが続出して何もできなくなり、ここに善悪が登場します。それゆえ、いったん気が凝集して形となれば、必ずそこに善悪と名付けることのできるものが生まれ、理屈に合う・合わないということもあるのです。

1－3

（続）是ニ於テカ孟子性善ヲ言フアリ。此レモ亦タ其ノ悪ニ対シテ以テ其ノ善ヲ言フノミ。而シテ其ノ善ハ自然ノ謂ヒナリ。是ノ故ニ形ヨリ而下ノ性ト雖モ、其ノ条理具在スルニ非ズ、而シテ其ノ善悪ノ定存スルニ非ザルモノモ亦タ既ニ分明ナリ。若シ具在シ定存スルアラバ、則チ朱子ノ見ナル形ヨリ而上善ト理トアル者ニ似テ、而シテ自然ノ性ニ非ザルナリ。今先生ノ謂ハユル既ニ形ヨリ而下始メテ性ノ言フ可キ有ルヲ知ラバ、則チ此ノ性ヲ以テ仁義礼智ノ理アリト為スモ亦タ不可無シトハ、蓋シ既ニ其ノ形ヲ結ブヲ以テ其ノ性ヲ言ヘバ、即チ惻隠羞悪辞譲是非ノ理アリテ此ノ言ヲナス者ナルカ。此レ固ヨリ然ラン、此レ固ヨリ然ラン。然リ而シテ縦令《たと》ヒ形ヨリ而下ノ者モ、而カモ若シ其ノ自然ヲ言ハズシテ而シテ唯ダ此ノ言ヲ為セバ、則チ此ノ性ニ於テモ亦タ一個具在ノ理タルヲ免レザルニアラザルカ。亦タ一個定存ノ善タルヲ免レザルニアラザルカ。伏シテ請フ先生更ニ明教ヲ垂レヨ。」

こういうわけで、孟子は性善説を主張したのです。このことも、悪に対して善というだけです。ここでいう善は、自然（あるがまま）の意味です。ですから、形而下の具体的な概念としての『性』といっても、そこに至る条理は具体的な形で存在しませんので、善・悪も一定の形を取って存在するのではないというのはよくわかります。もし善悪が具体的なものとして一定の形を取って存在すると仮定すれば、それは朱子のいう形而上の概念としての善や理に似ており、自然（あるがまま）の『性』ではありません。

今、方谷先生の言われる『形而下の具体的な反応や行動によってはじめて性が何であるかがわかるのならば、この性に仁義礼智の理があるといってもよい』というお考えは、要するに具体的な形で性を説明しようとすれば、惻隠・羞悪・辞譲・是非の四つの理になるということでしょうか。確かにそうです、確かにそうなのです。ですからたとえ具体的な現実の世界であっても、自然（ありのまま）を口で説くのではなくて実践すれば、この性に理が具体的な形で示されているのではないでしょうか。また、一定の形を持つ善であるのではないでしょうか。つつしんでお願いします。先生、さらによくわかるようにお教えください」

１－４

（答）先生曰ク、「形ヨリ而下、始メテ性ヲ言フ可シ。而シテ仁義礼智之理アリトナスモ亦タ可トハ、即チ気中ノ条理ヲ言フノミ。気中ノ条理ハ自然ニ出ヅ、豈ニ定存具在スルモノアランヤ。余ノ言フ所ト其ノ意同ニシテ異ナル無キナリ。但ダ形而下ハ当《まさ》ニ本体ノ名ヲ下スベカラザルノミ。」

先生が言われた。

「具体的な概念で、性を言うべきだ。仁義礼智の理があるとしても良いのは、気中の条理のことを言っている。気中の条理は自然に出てくるものであって、備わっているものでも、具体的なものでもない。その点についても私も同じ考えである。ただ、形而下の具体的なものを取り上げてそれに本体の名を付けるべきではないと考えるだけだ」

○

三人目の問弁は、『師門問弁録』の編纂者、岡本巍である。

岡本は、方谷の気一元論のまとめとして、自らの言葉で師の思想を述べている。すなわち、「万形皆唯ダ一神気ノミ」であり、「性ハ即チ此ノ気ナリ」と。さらに、性も気と同様に元来は具体的な形を持たない。しかし、自然（あるがまま）に委ねてさまざまな形になる結果として、善悪や理屈に合う・合わないができると結論付けた。従って、『孟子』の「性善説」も、道徳的な基準ではなくて、自然（あるがまま）に従っているかどうかに基づくと理解した。

そこで、方谷のいう「既ニ形ヨリ而下始メテ性ノ言フ可キ有ルヲ知ラバ、則チ此ノ性ヲ以テ仁義礼智ノ理アリト為スモ亦タ不可無シ」という教えを敷衍して、具体的な（しかも善なる行為と認められる）行動ができれば、（あたかも逆回転で動きを見るように）抽象的な概念である性を実践することになると考えたのである。

この疑問に対する方谷の答えは、極めて簡潔である。すなわち、「気中ノ条理ハ自然ニ出ヅ、豈ニ定存具在スルモノアランヤ」と。方谷にすれば、気を自然（あるがまま）の状態にさえしておけばよいのだ、ということであろう。ことさらに理屈を唱えて、如何にすればよいかを考える必要はない、というのである。

二、〝四端の説〟について

2－1

巍、孟子四端章ニ就テ朱王ノ学ヲ弁ジ、以テ臆見ヲ質シテ曰フ、

「孟子一ノ皆ノ字ヲ下スモノハ、人形ヲ結ブ者ハ聖愚ト無ク必ズ之アルヲ明ニスルナリ。不忍ノ二字ハ、此レ気中ノ精霊自然ノ感応ニシテ、而シテ万物一体ナルコト見ル可シ。一気貫通スルコト知ル可シ。斯ノ字此ノ自然ノ感発自ラ止ム能ハザルモノナリ。乍《たちま》チ見ル皆有リノ四字、此レ其ノ精霊ノ感応ヲ証スルナリ。此レ一体ノ貫通ヲ証スルナリ。而シテソノ間ニ於テ一点ノ雑《まじりけ》ナシ、一毫ノ偽《いつわり》ナシ。

龍渓ノ所謂無心ノ心無知ノ知ナルモノニシテ、而シテ自ラ其ノ善ヲ識《し》ラザルナリ。而シテ交ヲムスブ、誉ヲモトム、声ヲ悪《にく》ムモノノ如キニ至テハ、既ニ内ニ意ガ知ト偽トニ着シテ、而シテ自ラ其ノ善ヲ識ル者ナリ。又其ノ羞悪辞譲是非三者ノ如キハ、趣《おもむき》別ニ名異ナリト雖モ、亦タ惻隠中ノ妙用ナリ。

私巍は、孟子の説く四端の説（惻隠・羞悪・辞譲・是非の心が仁義礼智へのはじまりであるとする考え）

について、朱子・王陽明の説を通して私見の間違いを直そうと考えて次のようにお尋ねした。

「孟子が『皆』の字を使う（『孟子曰、人皆有二不レ忍レ人之心一』）のは、人間や形あるものには、聖人であろうと愚者であろうと必ず四端があることを明らかにするためです。また、『不忍』の二文字は、気の中にある生きる力が自然に反応・変化する万物一体の表現です。さらに、気で貫かれていることにも注意するべきです。この不忍という言葉は、あるがままの感応と発動を自分から止めることができないということです。『たちまち見る皆有り（『今、人乍見二孺子将レ入一於井一、皆有二怵惕惻隠之心一』）』の四字（句）は、気の中の生きる力が感じ反応することを表しています。これは、気が一貫していることを証明しています。そこには一点の混じりけも、少しのまやかしもないのです。

これこそが、王龍渓のいう『無心の心、無知の知』であり、自らの善を認識していない状態です。ですから、人との交わりや名誉を求めたり、（見殺しにしたという）悪い評判を気にする者は、すでにその心の内側で知識や偽りの心にこだわって、その反対の概念として善を意識する者です。また羞悪・辞譲・是非の三つは、それぞれに名前は違いますが、実は惻隠の作用です。

2－2

（続）抑《さて》又タ其ノ四端ノ所ニ至テハ、則チ朱王学術ノ由テ分ルル所、最モ弁ゼザル可カラザルナリ。凡ソ朱注ノ説ク所ノ如キハ、惻隠羞悪辞譲是非ヲ以テ情トナシ、仁義礼智ヲ以テ性トナス、性ヲ以テ体トナシ、情ヲ以テ用トナシ、性情体用既ニ前後両截《せつ》ス。而シテ所謂其ノ情ノ発スルニ因リ而シテ性ノ本然得テ見ル可シトハ、最モ其ノ支離スルヲ覚ユ。

孟子のいう四端の説は、朱子・王陽明の学説の分かれ目となるところで、最も論じなければなりません。およそ、朱子の注では、惻隠・羞悪・辞譲・是非を『情』と考え、仁義礼智を『性』と考えています。さらに、本体である『性』を『体』と定義し、『情』を『用』と定義して、『性』と『情』、『体』と『用』とが二つに立ち切られます。そして、『情』の動きによって『性』が何であるかを見るべしというのは、性と情を別々のものとして切り離してしまうことになります。

参考図：朱子学の諸概念（島田虔次『朱子学と陽明学』岩波書店　一九六七）

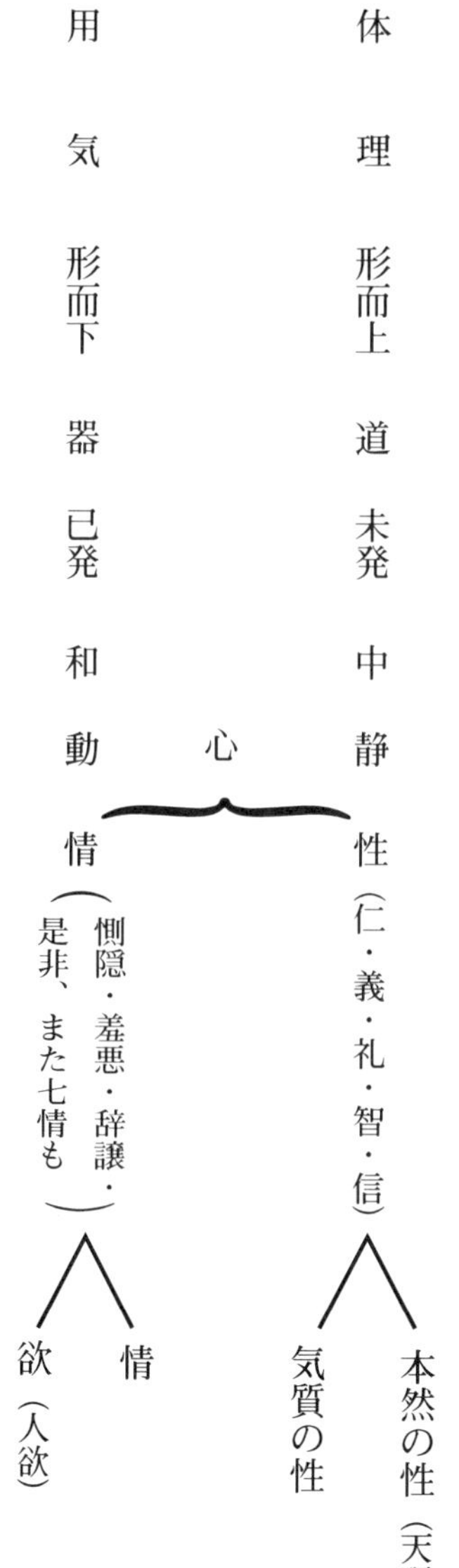

(続) 然《しか》リ而《しこう》シテソノ端字ヲ解シテ、猶オ物有リ中《うち》ニ在テ緒《いとぐち》外ニ見《あら》ハルゴトシト言ハバ、既ニ性ノ本体ニ於テ一個ノ理ヲ具へ、而シテ其ノ理思索構成ノ理タルヲ免レザルナリ。故ニ其ノ性ヲ見ルコト亦タ自然ノ本体ニ違フナリ。此レ朱子ノ学未ダ尽サザル所以ナリ。夫レ性ヤ情ヤ心ヤ皆一気ナリ。故ニ其ノ知覚ノ真脈ヲ指シテ之ヲ性ト謂フ。知覚ノ動脈ヲ指シテ之ヲ情ト謂フ。動脈ハ即チ真脈ナリ。真脈ハ即チ動脈ナリ。而シテ其ノ知覚ヲ指シテ之ヲ心ト謂フ。心ノ知覚ハ即チ自然ノ感応ナリ。感応ノ始メ之ヲ端ト謂フ。端始ノ惻隠羞悪辞譲是非、能ク擴《ひろ》メテ而シテ之ヲ充《み》テバ、即チ仁義礼智ノ名アリ。仁義礼智ハ即チ情ナリ、即チ性ナリ。惻隠羞悪辞譲是非ハ即チ性ナリ即チ情ナリ。性ハ即チ体ニシテ用、情ハ即チ用ニシテ体、性情二ツアルニ非ザルナリ。体用モ亦タ二ツアルニ非ザルナリ。只ダ一アルノミ。一モ亦タ無シ。無ハ即チ有、有ハ即チ無ナリ。此レ性ノ本体ナリ。此レ王子ノ学聖脈ヲ得ル所以ナリ。

そこで四端の『端』の意味を、意識の内にありながら外に見える感情の一端と解釈すれば、これらは性の本体に理が初めから備わっていることになりますから、思索構成的な理論と言わざるをえません。故に性を見ても自然の本体と違うことになります。ここが、朱子の学問でまだ十分に説明できていないところです。

もともと、性や情、心はすべて気なのです。ですから、知覚の真脈（意識）を性といい、知覚の動脈（感情）を情というのです。つまり、意識が感情に表現され、感情から意識がわかるのです。ですから、知覚を指して心というのです。心が知覚するというのは、自然（あるがまま）の反応です。その反応の初めを『端《きざし》』といいます。『端』からはじまり、惻隠・羞悪・辞譲・是非が広がって満ち満ちれば、仁義礼智がそこにあります。

つまり、仁義礼智は情であり性なのです。また、惻隠・羞悪・辞譲・是非は、性であり情でもあります。性は、体であると同時に用です。情は、用であると同時に体なのですから、性と情が別々に存在するのではありませんし、本体と作用も別々に存在するのではありません。ただ、一つのものなのです。一つというのも違います。無であり有でもある。有であるし無でもあるのです。これが、性の本体であり、王陽明の学問が重要視されている理由なのです。

2－4

（続）抑《そもそも》亦《ま》タ其ノ四体ノ喩《たとえ》ニ至リテハ、則チ人ノ必ズアル所ヲ明カニス、固ヨリ朱注ノ如キナリ。然リ而シテ之ヲ朱子ノ見ニ言ハバ、則チ人ノ性必ズ此ノ四個ノ理ヲ具ヘ、而シテ其ノ端緒ハ必ズ外ニ見《あら》ハルルモノ猶ホ四体ノ必ズ之レ有ルガゴトキナリ。之ヲ王子ノ旨ニ言ハバ、則チ性ノ本体固ヨリ四個ノ理ヲ具フルナシ、而シテ其ノ良知発見ノ端始必ズ惻隠羞悪辞譲是非ノ情アルモノ、猶ホ四体ノ必ズ之レアルガゴトキナリ。

擴充ノ二字ノ如キニ至リテハ、朱王学術下手ノ由《よ》リテ分ルル所ナリ。朱子ノ意ヲ以テ之ヲ言ハバ、則チ譬《たと》ヘバ仁性ノ一理ノ如キ、其ノ端末外ニ見ハル、則チ擴《ひろ》メテ之ヲ充《み》テバ、以テ万理ニ通ズ可シ。発見スル所ニ即《つ》イテ而シテ事事物物窮メテソノ極ニ至ラバ、則チ意誠ニシテ心正シク、身修マリテ家斉《ととの》ヒ、国天下モ亦タ治マリテ平ナリ。是レ其ノ擴充ノ功タル所以ニシテ、而シテ其ノ義礼智ニ於ケルモ亦タ然ラザル無シ。是レ其ノ窮理[注32]ノ学ナリ。王子ノ意ノ如キハ、人心良知ノ明、物ニ触レテ発スルモノ、四端ヲ以テ大トナス、則チ擴メテ之ヲ充テバ、天地万物良知ノ感応ニ非ザルナキナリ。其ノ感応スル所ノモノ、親ニ発スレバ則チ能ク之ヲ親ニ事《つか》フルニ拡充シ、君ニ発スレバ則チ能ク之ヲ君ニ事フルニ擴充シ、以テ兄弟妻子朋友ニ至ルモ皆此ノ如クス、是レ其ノ擴充ノ功タル所以ニシテ、而シテ其ノ義礼智ニ於ケル皆然ラザルナシ。此レ其ノ致良知[注33]ノ学ナリ。

夫レ此ノ如キハ、王朱学術ノ最モ異ナル所、而シテ其他ハ亦タ類シテ而シテ推ス可キナリ。因テ更ニ王朱ノ異ナル所ヲ以テ左ニ図解シテ以テ先生ニ質ス。願ハクバ先生大正ヲ賜へ。」

そもそも、孟子が四肢を例えに説いた『四端の説』について、人間にはこれらが必ず存在するというのが朱子です。朱子の考えによれば、人間には必ずこの四つの理が備わっており、しかもその糸口は必ず外から見えるものですから、人に必ず手足があるようなものです。これが王陽明の考えでは、意識の本体の性には元々四つの理は備わっておらず、良知が必ず惻隠・羞悪・辞譲・是非に基づく情を見つけるのですが、それは人に手足が当然あるようなものだというのです。

さらに、広く満ちみつ、という意味の『拡充』の二文字の解釈で、朱子と王陽明の学問が後の世に分かれるところとなります。朱子に従うと、例えば、仁の基本となる原理はその端《はし》っこが外に見えるので、広めて行き渡らせれば、万理に通じることができます。その見つけたことに基づいて、ことがらを調べ尽くせば、誠意になり、正心となり、修身によって斉家となり、治国、平天下（天下泰平）となります。これが、拡充の効果であり、そのほかの義礼智においても同じです。そしてこれが、『窮理』の学問なのです。王陽明では、人の心の良知の素晴らしさは、物事に触れて発動するものであり、四端が大きな意味を持つとします。すなわち、『拡充』は、天地万物の良知の反応なのです。その反応は、親に対してはよく親に仕える形で広がり渡り、主君にはよく主君に仕える形で広がり渡り、兄弟妻子友人に至るまですべて同じようになります。これが『拡充』の功績であって、義礼智においてもすべてそうです。これが『致良知』[注33]の学問なのです。

この「窮理」と「致良知」が、王陽明・朱子の学問の最も違うところで、その他についても同様に推し測ることができます。そこで、さらに王陽明と朱子の異なるところを次に図解して（注：図は無い）先生に質問します。よろしく、ご指導ください」

注32　窮理：万物を貫く理を究めること。朱子学修養の眼目。

注33　致良知：正しい心の働きを窮極にまで発現させること。「良知」は陽明学がもっとも根元的な指針とするもの。

2－5

（答）先生曰ク、「四端ノ章、朱王ノ異ヲ弁ズ可キ者ハ、擴充ノ方ヲ以テ要トナス。朱ノ擴充ハ窮理ヨリス。而シテ王ハ即チ致良知ヨリシ、下手ノ所判然途《みち》ヲ異ニセリ。然レドモ其ノ然ル所以ハ、本源理気ノ異ナルアルノミ。」

先生が言われた。

「孟子の四端の章は、朱子と王陽明との違いを論じようとする者には、拡充の方法の違いが要点となる。朱子は窮理（理をつきつめること）である。王陽明は致良知（良知を働かせること）であり、後にはっきりと道を異にした。しかし、その理由は、大本が理なのか気なのかの違いがあるだけだ」

3

又曰ク、「朱学ノ理ヲ説クモ、亦タ一個ノ理ナルモノ気ノ先ニ在ルノ謂ヒニ非ザルナリ。只ダ渾然《こんぜん》タル一理、散ジテ万珠《ばんしゅ》トナルヲ謂フノミ。之ヲ譬《たと》フルニ猶ホ水晶ヲ砕ケバ皆六角トナリ、蕎麦《そば》ヲ砕ケバ皆三角トナルゴトシ。其ノ細末塵《じん》粉眼力ノ及バザル所ト雖モ、皆六角三角ニ非ザル者ナシ。而シテ又一個ノ六角三角ナルモノ、水晶蕎麦ノ先キニ在ルアルニ非ザルナリ。故ニ茫茫《ぼうぼう》タル大虚窮極アルナキモノ、只ダ渾然タル一理、両儀トナリ五行《ごぎょう》[注34]トナリ、万物ノ生ズル皆其ノ理ノ分殊ノミ。

是《ここ》ヲ以テ人ノ四端アル、即チ其ノ理ノ発見スル、両儀五行ト自《おのづか》ラ相配当シ、以テ糟粕塵埃《そうはくじんあい》ニ至ルモ亦タ両トナリ五トナラザル者ナシ、猶ホ水晶蕎麦ノ六角三角トナルゴトキナリ。窮理ノ学ハ、即チ事事物物其ノ両ト為リ五ト為ル所以ノ理ヲ窮メテ、皆渾然タル一理ニ帰ス。故ニ四端ノ発スル、擴メテ之ヲ充テバ、以テ四海ニ達ス可シ、以テ天下ヲ治ム可シ。他無シ天下四海皆両タリ五タル故ナリ。

今質疑臆見二篇ヲ観ルニ、理ヲ以テ一個ノ物ト為スノ惑アルニ似タリ、故ニ縷《る》縷《る》此ニ及ブノミ。

然レドモ朱ノ説ク所ノ如クバ、理気先後ノ差アルハ則チ免レザルモノアリ。是レモ亦タ弁ゼザル可カラザルナリ。

また言われるのに、

「朱子が、理を説くのも、一個の理が気より先にあるという意味ではない。ただ、渾然一体となった理がくだけて、幾万の珠になることをいうのである。このことを例えると、水晶を砕くとみな六角のかけらとなり、ソバの実を砕けばみな三角のかけらとなるようなものだ。その細かい塵のような粒は目に見えないほど小さくとも、すべて六角ないし三角である。一個の六角・三角のものは、水晶やソバに先んじてあるのではない。ゆえに、茫漠として果てしなく、渾然一体となっている理は、やがて陰陽となり、五行となる。そこから万物が生ずるのだが、それはみな、理から分かれた珠にすぎない。

　人間に四端があり、そこに理があるのは、陰陽五行にそれぞれ相当するからで、かすやちりあくたに至るまで、すべて陰陽五行の法則性があるのは、水晶やソバのかけらが六角・三角になるようなものである。窮理の学問は、陰陽二態、五行となる理由をつきつめていくと、渾然たる理に帰着する。だから、四端を拡充してゆけば、天下に達し、天下を治めることができる。これは、この世界に陰陽二態と五行の性質が存在するからである。

今、岡本君の質問と意見の二つを見ると、理を、あたかも一つの物のようにとらえる惑いがあるようなので、こまごまと説明した。しかし、朱子の説くところでは理と気に先後の差があるのは免れない。これもまた論じなければならない」

注34　両儀・五行：自然・人間など万物は、陰陽の二気（両儀）と五つの元素（五行：木・火・土・金・水）の組合せによって生成変化を説明できるという中国古来の世界観。

4

先生曾テ巍ニ告ゲテ曰ク、「吾人口能ク性命ノ玄妙ヲ説キ、心能ク理気ノ精蘊《うん》ヲ弁ズト雖モ、而カモ其ノ孝悌忠信注35日用常行ニ於テ実ニ此ノ工夫ヲ下サザレバ、即チ遂ニ異端頓悟《とんご》ノ徒ニ陥ランノミ、戒《いまし》メザル可カラズ」ト。巍此ノ日ニ於テ省《せい》スルアリ。

先生がかつて私に言われたのに

「人は、よく口に出しては性や命についての微妙な働きを説き、心の話では理や気の奥深さを論じるが、孝悌忠信を日々の生活において実践しなければ、異端者や一足とびに悟りに至った徒《やから》となってしまうので、注意しなければならない」と。私はその日、反省するところがあった。

注35　孝悌忠信：父母に孝行で、兄によく従うこと。まごころを尽くし、うそ偽りのないこと。

○

前の問弁では、性と情の同一性が一つの論点となり、方谷は、自然（あるがまま）の作用によって、根源的なものから具体的なものへと変化することを説いた。そこで、一歩進んで岡本は、朱子のいう性と情の違いについても自らの理解の確認を求めた。

ここで改めて、岡本の問弁に登場する諸概念を整理すると次のようになる。

○岡本の問弁における諸概念の整理

理（法則）—性（本来の姿）—四徳—仁・義・礼・智
　　　　　心
気（現象）—情（現実の姿）—四端—惻隠・羞悪・辞譲・是非

すなわち、法則たる「理」が人間においては「性」ととらえることができ、その具体像として「仁義礼智」の「四徳」を対応させている。一方、現象たる「気」は人間においては「情」ととらえ、その具体像として「惻隠・羞悪・辞譲・是非」の四つを「四端」として対応させている。この対比を念頭に、朱子学と陽明学を理解しようとしているのである。

まず、「四端の説」にいう「端」を反応の初めと考える。そして、朱子の場合には、「其ノ端末外ニ見《あら》ハル、則チ擴メテ之ヲ充《み》テバ、以テ万理ニ通ズ可シ」と考え、これを「窮理」ととらえた。一方、王陽明の場合には、「物ニ触レテ発スルモノ、四端ヲ以テ大トナス、則チ擴《ひろ》メテ之ヲ充テバ、天地万物良知ノ感応ニ非ザルナキナリ」と、これを良知の働きと見て、「致良知」ととらえたのである。

そして、この違いについての教えを求めたのだが、方谷は、朱子と王陽明の違いは拡充の方法の違いであると論じ、その違いの大本には、本体を理とするか気とするかの違いがあると指摘する。

あるべき姿を自分で探っていかなければならない。そうすれば自分で考えるようになるではないか。つまり、孝悌忠信を日々の生活の中で実践すべきこと、言わば「実学のすすめ」を方谷は教え諭している。

岡本は、学説の整理と理解には長じていたのであるが、日々の実践においては十分とはいえないと感じたのであろう、「窺此ノ日ニ於テ省《せい》スルアリ」と述べて、問弁を終えている。

第五章　教　　戒

1－1

○谷川・島村・岡本三子ニ示ス

嘗テ棋《き》ヲ囲ム者ヲ観ル。高手《こうしゅ》ノ勝ヲ制スルヤ、其ノ初メ一隅囲ヲ受ケ、攻守解ケズ、勢《いきおい》殆ンド危シ、則チ置イテ顧ミズ、更ニ一隅ヲ囲ル。其ノ勢猶ホ前ノ危キガゴトキナリ、又去テ他ニユク。其ノ黒白盤ニ満チ、形勢連属スルニ及ブヤ、忽然変化シ数隅ノ囲自ラ解ケ竟《つい》ニ全局ノ勝ヲ成ス。低手ノ敗ヲ取ルハ則チ之ニ反ス。

吾是ニ於テカ読書ノ法ヲ悟《さと》ルアリ。一義ノ解キ難ク、一書ノサトリ難キ、師ニ問ヒ友ニ質《ただ》シ、尚ホ未ダ心ニ満タズ、疑団凝結シ、神困《くる》シミ気疲ル、則チ脱然トシテ之ヲ度外ニ置キ、或ハ全編ヲ瀏覧《りゅうらん》シ、或ハ他書ヲ博渉《はくしょう》ス。時時省スルアリ、所所応ズルアリ、是ニ於テ前ノ疑フ所渙《かん》然《ぜん》トシテ氷釈シ、其ノ快言フ可カラザルモノアリ。因リテ自ラ奉ジテ以テ良法ト為シ、又挙ゲテ以テ人ニ誨《おし》ユ。然ラズンバ厭倦《えんけん》廃業ノ患之ニ従テ生ズ。是レ則チ読書ノ敗兆ナリ。

○谷川・島村・岡本の三人に示す

かつて囲碁の対局を見た。上級者が勝ちを制するのは、次のような状況だ。最初は一隅を囲われ、攻守解けず、むしろ危うかった。その状態をそのままにしておいて、さらに他の一隅を囲おうとする。そこも前と同じく危うかったが、又もやそのままにして他の所に行く。そうして黒石白石が碁盤に満ち、あちこちの石の形勢がつながると、たちまちに変化して、いくつかの隅の囲みも自然に解けて全体の勝となる。下級者が負けを喫するのはこの流れに反するからだ。

私はこのことから読書の方法を悟った。一部の意味がわかりにくく、書物全体の意味もわかりにくい時は、先生に尋ねたり友に聞いたりする。それでもなお十分理解できなくて、疑問が凝り固まって弱りきるときは、一旦その疑問を脇において、場合によっては全体を一とおり見直したり、他の書物を幅広く読んでみる。（すると）たびたび明らかになることがあり、あちこちぴたりと合うことがある。こういう時はそれまでの疑問があっさりと解決するので、その気持ちの良さは言葉に表わしがたい。そこで、自分でこれは良い方法だと評価し、人にも勧めるのだ。さもないと飽きていやになったり、止めてしまうようなことになる。これこそ読書における敗北の兆しといえる。

1－2

（続）後チ国史ヲ読テ慶長関原ノ役ニ至ル、徳川公ノ世子《せいし》山道ヲ歴《へ》テ役ニ会ス。而シテ沼田ノ戦ヲ貪《むさぼ》リ、遂ニ会期ニ後ル。公厳ニ之ヲ責メ、譬《たと》フルニ棋勢ヲ以テシ、即チ此ノ法ヲ挙ゲテ以テ後来ヲ戒ム。

夫レ武将ノ兵ヲ用ルト、文士ノ書ヲ読ムト皆同一理、符節ヲ合ハス如シ。之ヲ要スルニ滞不滞ノ間ニ在ルノミ。嗚呼《ああ》大気運動、変化窮リ無シ。人心一滞セバ、百障斯ニ生ス。天下ノ事、孰《いず》レカ不滞ニ敗レザル者アランヤ。

後年、日本史を学んで、関ヶ原の戦いのところに来た。徳川家康の後継者たる秀忠は、中山道を通って関ヶ原に向かった。ところが、信州沼田城での戦いにとらわれすぎたため、関ヶ原の戦いに遅れた。家康公はこのことを厳しく責めたが、その時に例えとして囲碁の勝負を用いて、今言った方法をとりあげて将来の戒めとした。

そもそも、武将の用兵と文士の読書が、すべて同じ意味であるのは、付節を合わせたようだ。つまり、滞るか滞らないかのところが大切なのである。この世界は常に変化するので、もしも少しの滞りがあれば、大きな差しさわりが生まれる。世の中のことがらも、滞らなければ失敗することはないのである。

1－3

（続）余ノ閑谷精舎《しずたにしょうじゃ》ニ寓《ぐう》スル、学徒数十人。谷川・島村・岡本ノ三氏、首《はじめ》ニ志ヲ立テ篤《あつ》ク古ヲ好ミ、誦読《しょうどく》講討《こうとう》、頃刻《けいこく》モ怠ラズ。故ニ今帰ルニ臨ミ、余ノ昔得ル所ノ法ヲ書シテ以テ處言ト為ス。庶幾《こいねがわ》クハ力学ノ一助タラン。又其レヲシテ衆徒ノ読書ヲ勉ムル者ニ告ゲシムト言フ。

閑谷学校での私の生徒は数十人いる。谷川・島村・岡本の三君は、はじめから高い志を立てており、古典を大変に好み、音読や議論をわずかな時間でも怠らない。そこで、今帰るにあたって、私が昔体得した方法を文書に残して処世の言とする。勉学の一助になればと願っている。また、この事を読書に努める者に告げてほしい。

2

滞《たい》ハ淵《えん》ト自ラ別ナリ。猶ホ流《りゅう》ハ濫《らん》ト同ジカラザルガゴトキナリ。水性ニ明カナル者、自ラ之ヲ知ラン。

流れが滞っているのと、水をたたえて深くなっている淵は自ずと別物である。水が流れているのと、あふれているのが同じではないようなものだ。水の性質を良く知る者は、自ずとこの事がわかるだろう。

3

○島村子ニ示ス

終年《しゅうねん》山ニ入リ閑ヲ守ル、猶ホ唯ダ一時ノ静坐澄慮《ちょうりょ》ナリ。終年朝ニ立チ劇ヲ治ム。猶ホ唯ダ一時ノ動作接物ナリ。工夫此ニ至ラバ、空寂ニ滞《とどこお》ラズ、紛華ニ汨《みだ》サレズ、顕微間《かん》ナク、動静一ト為リ、千載須臾《しゅゆ》、万境自在、心気妙用始メテ見ル可シ。

○島村君に示す

年中山にこもってじっとしているのは、ひと時静かにして心を澄みわたらせていることだ。また年中激務を取りさばくのは、その時だけ事に接しているのだ。工夫ができれば、空寂のうちでも心気が滞らず、きらびやかな様にくらまされず、表れているものと隠れているものの区別がなくなり、動と静が一つとなり、いつでもどこでも、どのような状況でも、心気が活発に働くことがわかる。

4

○其二

初学ノ士、実ニ力ヲ已発ノ時ニ用ヒバ、只ダ其ノ間無キヲ覚エンノミ。奚《なん》ゾ其他ヲ思フニ暇《いとま》アランヤ。而モ尚ホ且ツ未発ノ境ヲ探索シテ措《お》カズ、是レ猶ホ昼日《ちゅうじつ》ノ事務ヲ忘レテ、昏夜《こんや》ノ夢床《むび》ヲ思フゴトシ。之ヲ思フノ心、已ニ妄《ぼう》想中ニ墮在ス。

○その二

習い始めの者は、行動する時に力を用いれば、意思から行動までに間の無いことがわかる。その間に他の事を考える暇はない。しかも、意思を持った時と行動する時との境を探るのは、昼間の仕事を忘れて、寝ている時の夢を思うようなものである。これを思う心は、すでに妄想の中に堕ちている。

5

○岡本子ニ贈ル

人生百般ノ作用、心気活発ニ由テ而シテ其ノ功ヲ成ス。一分ノ活発ヲ欠ゲバ、則チ一分ノ作用ヲ欠ク。自省セザル可ラザルナリ。誠意養気窮理種種ノ工夫モ、亦タ皆活発ニ於テ其ノ効ヲ見ル。其ノ活発ヲ得ル能ハザルハ、必ズ一個ノ病通以テ工夫ヲ妨グル者アルニ由ル。乃チ自反シテ以テ其ノ病源ヲ究探シ、而シテ務メテ之ヲ除キ、更ニ一層ノ工夫ヲ用イテ而ル後以テ活発ノ効ヲ見ル可キナリ。若シ夫レ工夫ノ効ヲ待タズシテ、速カニ活発ヲ得ント欲セバ、則チ更ニ躁《そう》心浮気ノ病《うれい》ヲ生ジ、適々以テ百事ヲ害スルニ足ランノミ。将《はた》タ底《なに》ノ作用ヲ成サン。

○岡本君に贈る

人生におけるさまざまな働きは、その心気が活発であってこそ成功する。少しでもその活気が失われると、それに応じて働きが不足する。自分でもよくわかることだ。いわゆる「誠意・養気・窮理」などの努力も、活発に行うことで効果がある。活発に行うことができないのは、差し障りがあって行動が妨げられるからだ。そこで、逆に自分からその原因を探し当てて、努めてそれを取り除き、さらに一層の努力をした後に、活発に行ったことの効果を見定めるべきである。もしこの努力の成果を待たずに、すぐに活発にしようと思えば、浮ついた気持ちが出て、百害あるだけだ。何の働きができようか。

6

○其二

「山中ノ賊ヲ破ルハ易ク、心中ノ賊ヲ破ルハ難シ」ト。此ハ是レ陽明王子実地経験ノ言。独リ学者ヲ戒ムル為メノミナラズ、身親《み》ヅカラ之ヲ試ミタルナリ。其ノ難易知ル可キナリ。然レドモ賊ヲ破ルニ道アリ。其ノ賊ヲ剿《つく》スニ当ッテヤ、窮捜千里、巣窟《そうくつ》ヲ覆蕩《ふくとう》シ、一處ヲ遺《のこ》サズ。其ノ賊ニ遇《あ》フニ及ンデヤ、鏖《おう》戦一陣、醜類《しゅうるい》ヲ殄《てん》滅シ、一顆《か》ヲ漏ラサズ。山中ノ賊是ニ於テカ廓《かく》清平定ノ功ヲ奏ス可キナリ。
心中ノ賊ニ至テモ、亦タ這《こ》ノ勇進英断ノ工夫ヲ用ヒバ、其ノ之ヲ破ルニ於テ何ノ難キコトカ之レ有ラン。今之ヲ王子ニ泉下ニ問フモ、豈亦タ他策ノ告示ス可キアランヤ。備前ノ岡本君巍、近ゴロ専ラ律学ヲ治ム。頃日《このごろ》余ヲ閑谷ノ寓居ニ来リ訪ハレ、詩アリ示サル。中ニ王子ノ此ノ語ヲ用ヒ、又此ノ絹幅ヲ持シ、以テ一戒言ヲ書センコトヲ請ハル。因テ此ヲ録シテ以テ贈ル

○その二

「山中の賊を征伐するのはたやすく、自らの心中に潜む悪を退治するのは難しい」という（すなわち、精神の修養は難しい）。これは、王陽明の実際の経験から来る言葉である。陽明は学者を戒めるためだけでなく、自分自身も実践を通して試みたのである。その難しさを理解するべきである。しかし、賊を退治するには方法がある。賊を滅ぼすに当たり、はるか遠くまで彼らの動静を探り、その根拠地を徹底的に叩いて一箇所も残さない。賊に出会えば、徹底的に戦い、悪者どもを根こそぎ退治して、一人も残さない。山中の賊はこうして退治することができる。

心中の賊に対しても、このような勇ましくすぐれた決断による努力を用いれば、勝利を収めることは難しくない。今、このことを亡き王陽明に尋ねても、ほかの方策を示すことはできないだろう。備前の岡本巍君は、最近もっぱら法律を学んでいる。近頃、私を閑谷の仮住まいに訪れた際に詩作を見

せてくれた。その中で王陽明のこの「山中の賊を破るは易し云々」の言葉を用いており、さらに持参の絹本に一文を求められたので、この事を書いて贈る。

7－1

○谷川子ニ与フ

谷川子字《あざな》ハ達海、余ニ問フニ名ト号トヲ以テス。余乃チ其ノ字ニ因テ、孟子ノ言ニ取リ、之ニ名ヅクルニ盈進《えいしん》ヲ以テシ、之ニ号スルニ原泉《げんせん》ヲ以テス。蓋シ孟子之ヲ言ヘルハ、徐子《じょし》ノ問ニ因テ其ノ病ニ薬スルノミ。故ニ曰フ、「声聞情ニ過グルハ君子之ヲ恥ヅ」ト。此レ豈達海ノ為メニ之ヲ言フニ足ランヤ。因テ之ガ説ヲ作ッテ曰ク、

○谷川君に与える

谷川君の字は達海であるが、私に名前と号とを求める。そこで、字の達海にちなみ孟子の言葉から取って、名を盈進、号を原泉とした。そもそも孟子の言葉は、弟子の徐子の質問に、病気に対する薬として答えたものだ。故に「評判が実情よりも高くなることを君子は恥じるのだ」（『孟子』「離婁章句下」）と言う。これは、谷川君にも有益なので説明をする。

7－2

（続）「夫レ声聞ノ過ト不過ト皆外ヨリ至リ、而シテ我ヨリ之ヲ求ムルニ非ズ。奚《なん》ゾ以テ君子ノ懐《こころ》ニ介スルニ足ランヤ。且ツ其ノ実無クシテ而シテ将ニ継ガザラントスルヲ恥ヅルコト註家ノ

説ク所ノ如クナランカ、其ノ実行モ亦タ名ヲ求ムルノ継グ有ルトナランノミ。豈君子ノ心ナランヤ。君子ノ道ハ誠ヲ以テ本《もと》ト為ス。今達海ノ為メニ之ヲ言フ、亦タ唯ダ一誠カ。原泉混混ハ誠ノ本《もと》アルナリ。昼夜ヲ舎《お》カザルハ、誠ノ息《や》ム無キナリ、科《あな》ニ盈《み》チテ而シテ進ムハ、誠ノ序《ついで》ニ循《したが》フナリ。四海ニ放《いた》ルハ誠ノ極ニ造《いた》ルナリ。君子恥ヅハ、其ノ誠無キヲ恥ヅルノミ。苟《いやしく》モ誠アラバ、虚声 自《おのづか》ラ至ル無ク、実行自ラ継ガン、何モ以テ区区恥ヲ其ノ間ニ抱カンヤ。陽明王子モ亦タ其ノ数頃《けい》無原ノ塘《とう》水トナランヨリハ、数尺有原ノ井水トナランニ若《し》カズト謂ヘリ。数尺ノ井水モ、尚ホ本アルヲ貴ブ、而ルヲ況ンヤ混混タル原泉ニ於テヲヤ。数頃ノ塘水モ尚ホ本無キヲ賤シム、而ルヲ況ンヤ溝澮《こうかい》ノ雨水ニ於テヲヤ。故ニ君子ハ誠ヲ之レ貴シト為ス。

良い評判も悪い評判も、すべて外からの評価であり、自分から求めたものではない。君子たる者は意に介さない。さらに実体がないのであるから、その名と実の伴わないことを恥じるのだと後の注釈家が述べている。行動するのも、名声を求め続けるためではない。どうしてそれが君子の思いであろうか。君子の道は、誠の心が基本である。谷川君のために言うのだが、偽りなき誠の心が大事だよ。「原泉」の意味する、水がこんこんとわき出る様子が偽りのない誠の心の基本である。昼も夜もないというのは、誠の心に休みがないということだ。水がくぼみに溜まりあふれ出るのは、「盈進」の意味する誠の心に従うことである。川から流れ出た水が海に広がるのは、誠の心の極みである。君子が恥とするのは、誠の心が無いということだ。いやしくも、偽りない「自然の誠」があれば、うわべだけの評判が伝わることもなく、自ら実行し続けることだろう。どうしてとるに足りない恥をその間に抱くことがあろうか。

王陽明もまた「水源のない数町歩の広いため池となるよりは、数尺四方でもいいから、水源があって生意のつきない井戸であった方がいい」（『伝習録』巻中）と言っている。たとえ小さな井戸であっても、そこに水源があることを尊ぶのであるから、こんこんと水の湧き出る水源はなおさら尊ぶ。たとえ大きな池であっても、池からは水が湧かないことを卑しむのであるから、まして小さな溝の雨水は言うまでもない。ゆえに君子は誠を尊いものとするのである。

7－3

（続）嗚呼達海勉メヨヤ。本アリテ而シテ息ムコト無ク、序ニ循《したご》ウテ而シテ極ニ造ル、唯ダ一誠ニ出デバ、則チ名ト号トニ恥ヂズ。説ク者謂フ、『孔子』[注36]水ヲ称ス、其ノ旨微ナリ、孟子独リ此ニ取ルハ、徐子ノ急ニスル所ノ者ヨリ之ヲ言フナリ』ト。孟子ノ徐子ニ答フル、其ノ言卑《ひ》クシ、故ニ余今達海ノ当《まさ》ニ務ムベキ所ノモノヨリ之ヲ言ヒ、更ニ急灘《たん》ヲ上ルコト一等。達海勉メヨヤ。

谷川君よ、努力するのだ。根本となるものがあって、休むことなく順序に従ってひとつずつ進めば、最後には高い所にたどり着く。ただ誠の心から事を行えば、名前と号に恥じることはない。「孔子は水の事を多く語っていない。私（孟子）だけが取り上げたのは、徐子が功を焦る者だったからだ

（『孟子』「離婁章句下」）という。孟子の徐子への答えは、わかりやすい頂門の一針であるので、私は今、谷川君がまさに努めるべきこととしていう。さらに急な流れに立ち向かうことが大切だ。谷川君努力だ。

注36　孔子：（前五五一頃～前四七九）中国・春秋時代の学者、思想家で儒学の祖。名は丘。字は仲尼。魯の昌平郷陬邑《すうゆう》（現・中国山東省曲阜県）に生まれる。はじめ魯に仕えるが、いれられず、約十四年間諸国を歴訪、遊説した。仁を理想とした道徳を説き、徳治政治を強調した。晩年は教育と著述に専念し、易経、書経、詩経、礼記、楽経、春秋のいわゆる六経を選択編定したといわれている。

8

歳次甲辰《ママ》夏五月、東備閑谷精舎寓居ニ録ス。

明治七（一八七四）年五月、東備閑谷精舎の仮住まいにて記録する。

○

『師門問弁録』の後半には、明治七年に谷川達海・島村久・岡本巍の三人の門人に与えた教えと戒めがまとめられている。いずれも、気のあるがままの作用を重んじる方谷らしい助言である。

また、方谷は、同じ年、谷川・岡本に次の詩を贈っている。

学は実用を崇び紛紜《ふんうん》を戒む
財利兵刑は専勤を要す
更に劈頭に王覇の別有り
昭昭《しょうしょう》たり抜本塞源の文

「学問は実生活に役立つことが何より大切で、（理に走り）多岐にわたることは戒めなければならない。財政・軍事・刑法などは心を専一にしてつとめることを要す。まずは王道と覇道の別をわきまえること。このことは王陽明の説く抜本塞源論に明らかだ」というのである。まさに、晩年の方谷が弟子たちに伝えたかったことであろう。こうした方谷の励ましが、後に谷川らを実業の道に向かわせた。

なお、原文では「甲辰《こうしん》」の年に記録したとあるが、甲辰は明治三七年（一九〇四）であり、『師門問弁録』の発刊年（一九〇二）の後となる。方谷年譜では、閑谷学校で教戒を与えたのは、明治七年（一八七四）で、この年は「甲戌《こうじゅつ》」であることから、誤記と判断した。

附録　佐伯暦之助質疑

○佐伯暦之助の質疑

1－1

（問）初学ノ士、実ニ力ヲ已発ノ時ニ用ヒバ、只ダ其間ナキヲ覚エンノミノ明教、大略《たいりやく》ヲ了スルニ似タリ。因テ竊《ひそか》ニ思フ、致良知ノ功ハ、一気常動自然ノ妙用ヲ習練スルナリ。蓋《けだし》常ニ動ケバ、即チ未発ハ即チ已発ナリ。已発ノ中ニ未発アリ、未発ノ中ニ已発アリ、已発ノ用ヲ除去シテ而テ更ニ何ノ未発ノ体有ランヤ。謂ハユル前後内外ナク、渾然一体ナルモノナリ。

「習い始めの者は、行動する時に力を用いれば、意思から行動までに間の無いことがわかる」という先生のお教えは、およそ理解しました。そこでひそかに思うのですが、良知を発揮するとは、気をあるがままに働かせる練習をすることだと。

というのも、感情や行動は常に動いているので、感情や行動の原因としての意思がその後の感情や行動となります。つまり、感情や行動の中に、原因たる意思があり、意思の中に、感情や行動が存在するのですから、感情や行動を考えないで、どうして意思をわかることができるでしょうか。いわゆる、「前後・内外なく、渾然として一体のもの」（『伝習録』巻中 又三）なのではないでしょうか」

1－2

（答）方谷先生曰ク、本体ハ物ナシ、此レ其ノ已発ノ用ヲ除去シテ而テ未発ノ体アラザル所以ナリ。夫ノ本体ヲ認メテ一大物ト為ス若《ごと》キハ、其惑更ニ甚シ。

　これに対し方谷先生は、「本体は、具体的な物として存在するのではない。これが、『已発《いはつ》の用』がなければ、『未発《みはつ》の体』が存在しない（外に表れた作用と基《もと》となる本質は、一体のものであること）理由である。だから、本体を具体的な形があるものと考えると、体（本質）と用（作用）の関係がますますわからなくなる」（第五則）と言われた。

2－1

（問）陽明先生曰ク、聖人ノ天地位シ万物育スルニ到ルハ、只ダ喜怒哀楽未発ノ中ヨリ養ヒ来ルト、是レ体ニ即《つ》イテ之ヲ言ヘルナリ。然レドモ良知ノ本体ハ運用自然而テ霊昭《れいしょう》精明ナリ。其運用ノ自然ヲ得ルヤ、自《おのづか》ラ之ヲ知ル。其運用ノ自然ヲ失フヤ、自ラ之ヲ知ル。自ラ之ヲ知ル者ハ、良知ナリ。

良知ハ一ノミ、其自然ヨリ之ヲ体ト謂ヒ、運用ヨリ之ヲ用ト言フ。用ニ即《つ》イテ言ヘバ、体ハ用

▒ニ在リ、体ニ即《つ》イテ言ヘバ、用ハ体ニ在リ、体用一源ニシテ、顕微間ナキトハ是カ。

王陽明先生が、「聖人は、よく天地をその位置に安定させ、万物を生育する境地に達した者であり、ただ心を喜怒哀楽の感情が生まれる前の未発の中に置くことから修養してきたのにほかならない（『伝習録』巻上 陸原静所録 三二）」と言われたのは、本体について言ったものです。しかし、良知の本体は自然に運用すれば、その不思議な働きは明らかです。自然に運用すれば、おのずとこのことが分かります。自然に運用できなければ、そうでないことも分かります。これが分かるのが、良知そのものの働きです。

良知は唯一のものであって、自然からは体と言い、運用からは用と言います。用に即して言えば、体は用の中にあり、体に即して言えば、用は体の中にあるということです。「もともと本体と作用は同じで、その違いはない」というのはこのことでしょうか。

2－2

▒（答）先生曰ク、此一段、良知ノ骨髄ヲ得。

そこで先生はこう言われた。

「この一段の文章から、良知の最も重要な点を知ることができる」

３－１

（問）之ヲ要スルニ、致良知ノ功ハ、私欲客気《かっき》ノ大病ヲ治ムルニ在ルノミ。故ニ時々刻々用フル所ノ工夫ハ、喜怒哀楽ノ七情上ニ滞着セザルニ在ルノミ。

このことは要するに、「良知を発揮するための修行は、私欲や血気を治めることだ」（『伝習録』巻中）ということでしょうか。ですから、その時々に行うべき努力は、「喜怒哀楽のさまざまな感情に滞らない」（『伝習録』巻下九十）ということでしょうか。

３－２

（答）先生曰ク、滞着ヲ去ルハ、是レ正心ノ工夫ナリ。必先ヅ誠意ノ工夫アリテ、而テ後ニ此工夫アルト得。喜怒哀楽ノ和ヲ失フハ、過不及送迎ノ四個アリ。而テ過不及ヲ去ルハ、即チ誠意ニ在リ。而テ送迎ヲ去ルハ、即チ正心ニ在リ。謂ハユル滞着セサルモノハ、又タ一個ノ送ヲ去ルニ在ルノミ。

先生が言われるのに、「正心（心を正しくする）の工夫は、こだわりを取り去ることだ。それにはまず、誠意（思いを誠実にする）の工夫があり、その後に心を正しくすることができる。喜怒哀楽の調和を失うのは、過（やりすぎ）、不及（及ばない）、送（先送り）、迎（受け身）の四つの原因がある。思いを誠実にすることで、過と不及を取り去ることができる。心を正しくすることで、送と迎を取り去ることができる。送を取り去るだけで、こだわらなくなる」（第六則）と。

4－1

（問）蓋シ喜怒哀楽ノ上ハ、磨練ノ実ニ手ヲ下ス処、一気常動運用ノ自然ニ順ウテ而テ之ヲ習熟スルニ在ルノミカ。

そもそも、「喜怒哀楽などの感情の上位には、実践の中で鍛え磨かれたものがあるが、（それは）常時動いている気の、自然（あるがまま）の働きに従うことに習熟すること」（「服部膺手記」）なのでしょうか。

4－2

（答）先生曰ク、一気ニ順フニ在リノ一段、亦タ致良知ノ骨髄ヲ得。

そこで先生が言われるのに、「気の働きに従うことを述べる段は、致良知の真髄でもある。」

5

力ヲ此ニ致サズバ、即チ良知精明ノ感応遅鈍シ、而テ安《いずく》ンゾ廓然太公《かくぜんたいこう》物来順応ノ境ヲ見得ルニ到ランヤ、陽明先生ノ謂ハユル、未発ノ中ノ上ヨリ養ヒ来ルハ、此ノ功ニ在ルカ。先生ノ明教、亦タ此ノ功ニ在ルカ。鄙見《ひけん》此ノ如シ、請フ更ニ明示ヲ垂レヨ。

力を良知が働くときに使わなければ、すぐれた反応が遅れるので、公正な心にものごとが順応するありさま（廓然太公）を見ることができません。これは、王陽明先生が言う「喜怒哀楽の感情がまだ発しない前の『中』の状態に身を置くことから修養してきた」（『伝習録』巻上 陸原静 三一）ということなのでしょうか。先生のお教えも、このことでしょうか。私はそう思うのですが、さらに詳しくお教えください。

○

『師門問弁録』の補遺的なものとして、山田方谷全集は、佐伯暦之助の質疑を載せる。ここでの短い質疑は、それまでの方谷の発言や『伝習録』が伝える言葉の解釈を尋ねるものとなっている。

方谷の「一気ニ順フニ在リノ一段、亦タ致良知ノ骨髄ヲ得」という言葉を受けて、力を良知が働く時に使わなければ、「良知精明ノ感応遅鈍シ、而テ安《いずく》ンゾ廓然太公《かくぜんたいこう》物来順応ノ境ヲ見得ルニ到ランヤ」と尋ねているが、それに対する方谷の答えはなく、『師門問弁録』はここで終わっている。

この「廓然として太公」は「心がからりと広く、公平で私心のないこと」を言うが、宮城公子は「私を去り、心体が虚となること」ととらえた。そして「この時、自分と天地間の万物の間には一気貫通し、万物はその形に従った知覚感応の自然、個物本来の個別的具体性においてあらわれ、そこに気の天則＝気の条理、つまり大自然の調和的秩序が実現している、人はその秩序に参画し、天と人とは合一である」（「山田方谷の世界」〈『幕末期の思想と習俗』所収〉）と言う。宮城は、方谷の天人合一[注37]を、天地自然を前提としてはじめて自我が存在するという思想で、「それは主体が天地自然に埋没しているというのではなく、天地と合一することが即、主体性の実現だといいうる」と指摘している。

『師門問弁録』は、閑谷学校での方谷と門人たちとの問答集であり、これまで見てきたように、総論六則に始まり、村上作夫、島村久、岡本巍三者の問弁と続き、最後に谷川、島村、岡本三子への教戒をもって終わる。その中で、「気生理（気が理を生ずる）」、王陽明の無善無悪説、方谷の無善無悪論、構成造為の弊（朱子学批判）と自然の誠、気一元論、孟子の四端の説等について生き生きとした議論がかわされ、気の思想家山田方谷の「気学」が明らかにされる。

また、尊敬する師方谷の思想を後世に残したいという使命感に導かれた岡本の熱い想いが伝わってくる。私たちも岡本の想いをしっかりと受け止め、方谷晩年の思想を最もよく体現しているこの問答集を熟読玩味したいと思う。

注37　天人合一：方谷における天人合一とは、「身を自由自在に置き、自然大気の運動に協働することによって自己実現を見通す」というものである（松川健二「山田方谷の思想詩」『山田方谷から三島中洲へ』所収）。このことを方谷は『孟子養気章講義』の中で「水が大河を流れるようにわずかの隙間もなく、自らの五尺の身体をもって自由自在に行動すれば、おのずから「気」の運動と一致し、天地と一つになる」と語っている。

第二部　山田方谷晩年の思想

一　はじめに

この項では、主として『師門問弁録』を手がかりに、『孟子養気章講義』や『孟子養気章或問図解』なども参考にしながら、方谷晩年の思想について考える。

既に見てきたように、山田方谷は、再興された閑谷学校で、明治六年（一八七三）から九年にかけて、春と秋の二回、それぞれ二か月近く滞在して、陽明学を主とした講義を行った。小阪部（現新見市大佐）に私塾があるので閑谷学校での専任とはいかなかったのだ。

方谷は自らが陽明学者であるにもかかわらず、弟子たちにはまず朱子学を学ぶことを強く勧めていた。これは初学の者が陽明学を誤って理解することを心配したからだと言われている（朝森要『備中聖人山田方谷』）が、明治という新しい時代になったこと、また、閑谷学校に縁深い熊沢蕃山が陽明学者であり、その人と学問を慕っていたこともあってか、閑谷での講義では、「陽明学」を基本としたのである。

二　若き方谷の陽明学（春日潜庵に復する書）

方谷晩年の思想（「気の思想」）を見る前に、方谷が初めて陽明学に出会った頃の様子を見ておきたい。

方谷は若い頃（京都遊学中の二十九歳の頃）、王陽明の『伝習録』を熟読し、感銘を受けて「あたかも澄んだ水面に明月の影がやどり、水と月と隔てのないようなすがすがしい心地になった」（「伝習録抜粋序」）と言う。

その頃、友人であった春日潜庵[注1]に送った手紙（「春日潜庵に復する書」）の一節に、若い方谷の陽明学理解がうかがわれるところがあるので、以下、山田琢訳で紹介する。（山田琢『山田方谷』（シリーズ陽明学二八））

「王陽明の学問は誠意を主としています。致良知は誠意のなかでなされることです。しかし必ず格物とともにしなければなりません。思うに、致良知によらなければ誠意の本体はわかりません。また格物によらなければ誠意の実践はできません。致良知と格物との二つが並び行われてはじめて誠意が実際のものとなります。ところがあなたは、致良知に専らで格物に言及しません。これでは王陽明の真意に合致しないのではないでしょうか。」

ここで方谷は、陽明学の主要項目として「誠意」「致良知」「格物」の三つをあげ、誠意を中心にすえる。「致良知」は「良知を致す」とも読む。「良知」とは、人間が生まれながらに持っているあるがままの心のことである。

王陽明は、人の心を明鏡に例え、くもりのない鏡面が万物を正しく映すように、人も胸のうちに持っている明鏡（心の鏡）がくもらないよう、常にこれを磨かなければならないと言うが、このくもりのない明鏡が「良知」である。「致す」とは、発揮する（磨く）ことで、「良知」を磨くことが「致良知」である。

「格物」の「格」とは、「正しくする」という意味で、「物」とは、「物事（一つの事柄、一つの行為）」のこと、つまり一つの事柄、一つの行為を正しくするのが「格物」である。例えば、会社や役所の部長なら、その部長の仕事のうえで、課長なら、その課長の仕事のうえで、心の鏡にくもりのないように実践し努力する、その実践を「格物」という。この「格物」と「致良知」が二本の柱となって「誠意」が実現できるというわけである。『山田方谷・三島中洲』（日本の思想家四一）

誠意とは意念（おもい）を誠実にすることである。これには実践的な努力を必要とする。あるがままの心をみがく致良知という努力と、一つ一つの行為を正しくする格物という努力によって、誠意が完全なものとなるというのが方谷の陽明学観である。注2

注1　春日潜庵：第2章注8（P39）を参照

注2　方谷の陽明学：方谷は、「友人某に答ふる書」（『山田方谷全集第一冊』〈漢文編〉）で、陽明学徒の戒《いまし》むべきこととして、批判のための批判や議論のための議論をあげ、人の欠点を議論することは避け、わが心に自得するを尊ぶべきこと、そして、学説を唱えた人の人となりを学ぶべきことを諭している。方谷が求める学問の目的は、「わが心に道理を自得すること」にあり、このことを三島中洲は、「虚論は実得にしかず」と、ものの見事にコメントしている。

三　「気の思想」について（気の思想の変遷）

「気（氣）」とは、この世の中のありとあらゆる物を形づくる根源的な物質とか、万物を形成し、生命や活力を付与する一種のエネルギー、と言われてきた。「氣」という字の原義について、白川静の『常用字解』によると、「气は雲の流れる形で、雲気をいう。气は生命の源泉、おおもととされ、米（穀類）はその気を養うもとであるというので、气に米を加えて氣となった。気はすべての活動力の源泉であり、大気（地球を取り巻く空気の全体）・元気（活動のみなもととなる気力）として存在し、人は気息（呼吸）することによって生きる。また、人にあらわれるものを気質（気だて・気性）・気風（集団や同じ地域の人々が共通に持っているとみられる気質）という」としている。

ここで、東洋思想の根源にかかわるキーワードである「気」の概念の変遷について小野沢・福永・

山井編『気の思想』を参考に概観する。

戦国諸子の儒家・道家では、血気がもとになって、浩然の気や、治気養心といった術をともなった形であらわれる。道家において「気」は、生命や自然の解明を求める思考の中で「自然哲学的概念」として高められ、その集散によって万物の生成が説かれるようになる。漢代においては、万物を生み出すもとの意味で元気と呼ばれるものとなった。南北朝、唐代の道教になると、神秘化と技術化の両者を兼ね備えた理論として具体化され、古代から伝承されてきた医方（医術）において、血気と五臓を主とした面に使われるようになる。

宋代になると、はじめ道教のなかで、太虚、太極とともに説かれていたが、「気」の変化の原理として「理」が登場するようになり、「気」には質、「理」には性が結びつけられ、朱子などによって、現象と本体についての体系的な理気哲学が成立する。明代になると、王陽明らにより、「理」と「気」は全体的に心としてとらえられ、その働きとしての良知が重視され、比重は「気」のほうにかかっていく。清代にかけて、「気」の哲学といわれるものへの移行が進められていくが、清末になると、西洋思想の影響のもと、「気」の実体はエーテルと解されて物質へと転化し、「気」の哲学的な思考の面は終わりを告げる

これを簡単に図示すると、左のとおりとなる。

中国における「気」の思想の変遷

㈠「気」の思想概念：人間と自然を成り立たせる生命・物質の動的エネルギー

㈡「気」の概念の歴史的変遷

時代	概念	用法	備考
殷周	自然の風や大地の働き		
戦国	生命や自然の解明を求める思考の中で「自然哲学的概念」として高められ、その集散によって万物の生成が説かれる	「血気」「気息」 「浩然の気」「勇気」	儒家 道家 孟子 兵家
漢	万物を生み出すもと（生気の大本）	「元気」	
南北朝・唐	神秘化と技術化を兼ね備えた理論として具体化	医方の「血気」	
宋	道教の中で「太虚・太極」と共に説かれる 「気」の変化の原理として「理」が登場	気＝質、理＝性 理気哲学の成立	朱子
明	「理」と「気」は全体的に「心」としてとらえられ、その働きとしての「良知」が重視される	心＝良知 比重は「気」に	王陽明

清	理よりも気を根源的なものとする哲学（気一元論）	気の哲学	

○出典：小野沢精一「序」（小野沢精一・福永光司・山井湧編『気の思想』東大出版会　一九七八）

四　『孟子養気章講義』、『孟子養気章或問図解』の概要

『孟子養気章講義』、『孟子養気章或問図解』からは、方谷の「気の思想」が読み取れる。いずれも明治六年、閑谷学校での講義がもととなっており、私たちは、かつて（平成一八年）これらの現代語訳を試みた。それをもとに両書の概要を紹介する。

『孟子養気章講義』は、王陽明の説に基づいて、孟子の「養気章」を講義したものである。また、『孟子養気章或問図解』は、孟子のいう「気を養う」ということの内容、王陽明の説く「陽明学」の特色、「養気」思想の普遍性などについて、方谷自ら解説している。

「孟子養気章」は、古代中国の思想家孟子が残した『孟子』の「公孫丑章句・上」にある「浩然の気[注3]」について説かれている部分である。方谷はこの章を『孟子』の眼目であり、その思想は大体ここに示されていると述べている。

ここに登場する「気」はこの世界の万物に満ち満ちている〝一大気〟のことで、大きく分ければ天と地になり、小さく分ければ万物になると説明されている。つまり、「気」には、物質を形づくる要素の性格と、この世界の根源的なエネルギーの性格とがある、と言う。なお、この「一大気」という用語は、宇宙的な規模の原理を反映させている方谷の造語である。

孟子によれば、「気を養う」は、自然の働きに従うことで天地万物と一体になることであり、それを「直養」と呼ぶ。この「直養」は、人の手による仕掛けや細工を施さないで、自然の働きのとおりに行動することである、と方谷は言う。さらに方谷は、このように行動すれば、おのずから道理に当たる。これがいわゆる「気中の条理」で、「気」が集まれば、自然とその形にしたがった感覚や行動があり、その感じるままに行動することが大事である、と述べている。方谷は「気」の働きを重視しており、それが人としてのあるべき姿であると考えていた。方谷の思想が「気の思想」と言われる理由はここにある。

陽明学は、「良知」と呼ばれる、人が生れながらに持っている是非善悪を判別する心の獲得を目指す。方谷は、それを〝あるがままの心〟とし、「良知」＝「自然」＝「養気」ととらえ、「気」を正しく用いることを主張しているのである。

また、この「気を養う」思想は洋の東西を問わない普遍的なものであると語っている。

注3　浩然の気：自己の道義的な人格を革新し、道義を実践しようとする力強い広大な気分をさす。孟子は

「浩然の気は、このうえなく広大で、剛健で、素直に養って損なわなければ天地の間に充満する。その気は義（正義）の行いが集まって発生したものである」と言っている。これを受けて方谷は、「水が大河に満ち満ちて、蕩々と流れている様子を形容して「浩然」と言い、水がいっぱいになって流れ出るときは、ひとときも滞ることなく、途絶えることもなく、自由自在に右に左に流れて、人の力をもってしても止めることはできない」と説明している。（『孟子養気章講義』）

五　『師門問弁録』に見る方谷の「気の思想」

(1) 方谷思想の特色――「気生理（気が理を生ずる）」

『師門問弁録』の冒頭、方谷は次のように述べている。「『理』は『気』の中に備わった『条理（すじみち）』、すなわち『気中の条理』である。気が自然に順《したが》えば、それこそが『天理』である。気とは別に理があるのではない」と。この「気が自然に順えば」の「自然」とは、私意・作為を持ち込まないあるがままの姿のことで、それを障害なく発揮させることを「順」と言う。

朱子学の基本的な考え方である「理気二元論」は、道理や条理といった法則を「理」ととらえ、万物の基となる物質やエネルギーそのものを「気」ととらえる。そして、「理」が「気」を支配《コントロール》すると考えて、万物の成り立ちや社会における人間としての有り様を説明している。

しかし、方谷は、前述のとおり「気とは別に理があるのではない」と、「理」と「気」を一体のものと考えている。そして、「気が理を生み出すのである。理が気の中に存在するのではない」と明言している。これは、王陽明が『伝習録』で述べている「理は気の条理にして、気は理の運用なり」を敷衍して、「理」と「気」が一元的なものであるとする自らの立場をはっきりと示したものと言える。

吉田公平は、王陽明はこの理気の関係をしばしば性・生・気の関係に即して説明したとし、これらは説明概念であって、実体概念ではないと言う。そして次のように述べる。「実在する生活者の生身の存在を生といい、その生身の存在が本源的に固有している人間性（人間らしく生きる力）を性といい、生きている生身の存在を身体として包括的に表現するときに気といい、その生きている姿に本性が顕現している在り方を理という。平たくいうと、気とは『身体としてのわたし』をいう。この「理は気の条理」とは、わたしに先立って理があるのではなくして、「身体としてのわたし」が「気」を運用してこそ、そこに本性・本源としての理が顕現するのだという。この主張は「心即理」説の言い換えである」（吉田公平「山田方谷の「気生理」の説」『日本近世の心学思想』所収）と。

（2）無善無悪説について

「無善無悪」は王陽明思想のキーワードの一つである。方谷は、これをさらに推し進めて、独自の無善無悪説を展開している。

①「天泉橋問答」(四句説問答)からみる無善無悪

四句説(又は四句教)とは、王陽明が晩年の教えを四句に包括した重要な思想で、「善も悪もないのが心の本体(第一句)。善悪が結果するのは、心が発動した意においてである(第二句)。その善悪を判断するのが良知である(第三句)。善を実現し悪を排除するとは、主格関係を正しくすること(第四句)」(吉田公平『伝習録』)というものである。「天泉橋問答」とは、この教えについて、王陽明の弟子の王龍渓(王畿、字は汝中)と銭緒山(銭徳洪、字は徳洪)が論争し、師の教えを乞うた『伝習録』の中でも有名な問答である。

王陽明のいう〝無善無悪〟を、王龍渓は「もし、心の本体が、善も悪もないのであれば、意も同じく善も悪もないという意で、良知も同じく善も悪もない良知で、主客関係も同じく善も悪もないという関係である。もし、意に善悪が結果するというのであれば、とどのつまり、心の本体がそれこそ善悪を個有しているということになる」(吉田同書)と理解した。

一方、銭緒山は「心の本体とは、天が命令して賦与した本性のことで、もともと善も悪もないものである。しかし、人間には後天的に身についた習心があるから、意念の場に善悪を結果してしまう。主客関係を正し、良知を発揮し、意念を誠にすることが本体を回復する努力に他ならない」(吉田同書)と理解した。

王陽明自身は、王龍渓、銭緒山の考え方はどちらも「互いに補いあって活用すべきであって、それぞれが自説のみに執着してはいけない」（吉田同書）と述べている。人間は「本来」は無善無悪であるということを認める点では両者は共通するが、王陽明は、これら二つの考え方は、学ぶ者の素質によるもので、王龍渓の様な考え方は素質の優れた人、銭緒山の方は普通の人に対応するものであると言う。

② 方谷の無善無悪論

『師門問弁録』の村上作夫との問弁の中で、方谷は次のように言う。

無善無悪説のポイントは、「気中の条理」をどう解釈するか、すなわち条理は気にもともと備わっているのか、それとも気の中に条理が生まれるのかということであるが、気が活発に変動することで条理が生まれるので、条理が気にもともと備わっているのではない。つまり、すべてに先立って気があるので、気の活動をコントロールする法則性がはじめからあるわけではない。従って気がまだ活動を開始しないうちは善とか悪はない。このように形あるものが生まれる前の状態を無善無悪と言う、と村上に明確に語っている。続けて、良知の〝良〟は、善という意味ではなく、むしろ〝自然（あるがまま）〟の意味である。すなわち、「気が少しも滞ることなく、あるがままに感じ発動することを良知というのである」と言い、さらに「気のあるがままの働きに従い、少しの滞りもなければ、条理はひとりでに生まれてくるのである」と述べている。

そして、「山犬や狼が人を襲うのも、山犬や狼にとっては良知なのである。それ以外のものにとっては必ずしも善ではない」と、〝良知〟が相対的な概念であるとした上で、行動には、良い行動や悪い行動があるのではなく、その行動が〝自然（あるがまま）〟であるかどうかということが大切だ、と言う。方谷はこれに続けて「私がいつも心がけているとはいえ、いまだかつて人に語ったことはない」と述べている。

善悪は、「気」により認識されるのである。「気」が認識するものに従うこと、これが人間の行動や働きを司る「気の天則」であり、「気の主宰」である、と方谷は村上に答えている。

方谷は一貫して〝自然（あるがまま）〟を重んじる。そして、その〝あるがまま〟に従うのを善とし、従わないのを悪とする。そして、この〝あるがまま〟の状態を〝無善無悪〟と認めることに気がついたのが王陽明だと言う。このように人の心の本体は、形あるものが生まれる前の状態、すなわち外物に触れ「知覚感応」しない前は、無善無悪の自然であるとするのが、方谷の無善無悪論である。

また、方谷は『四句の教言』（『山田方谷全集』第二冊所収）という論考の中で、「収斂」と「浮放」という概念を用いて王陽明の無善無悪説を解説している。曰く「善悪は収斂（失わぬように心を引きしめる）と浮放（うきうきと手放す）との名なり。収斂するときは善なり、浮放するときは悪なり」と。そして、収斂の力が十分充ち張って、心の体が正当、円満な時は、その姿を推しはかることができない。このような収斂の極みの、つまり善も悪もない状態が心の本体（＝良知）であると言う。

収斂の極限としての無善無悪の境地は、自らを陶冶することによって、その努力の主体者が自得すべきもの、というのが方谷の考えである。

方谷は、王陽明の四句説（無善無悪）について、明治四年（一八七一）、六十七歳の時、次のような詩を詠んでいる。（読み下し文、口語訳とも、松川健二）

陽明集を読む
畢生の事業　自《おのずか》ら真儒
善悪何ぞ須《もち》ひん有無を争ふを
四句一伝妙訣と成るも
枉《ま》げて後学をして工夫を費さ教《し》む

陽明一生涯の事蹟を考えてみると、この人こそ真の儒者と称すべきで、最後に打ち出された無善無悪心之体の教えには一点の疑いも容れる余地がない。他の三句と共にこの教えは秘訣として伝えられたのであるが、言葉に表したばかりに後学をしていらざる詮索をさせることとなったのだ。

松川健二は、この詩には、方谷の生涯を通じて蓄積された陽明観が凝縮吐露されている、と語っている。（松川健二「山田方谷の思想詩」『山田方谷から三島中洲へ』所収）

思想は言葉で表わさなければならないが、表わしきれないものは残る、否表わそうとすると失われるものもあるということであろう。

（3）構成造為の弊と自然の誠

方谷は、島村久との問弁の中で、いわゆる「善」なるものが、自然の誠[注4]に基づかず、構成造為から出てくるようになったこと、これがもとで「人々の心の中には、構成造為による善が蓄えられ、或る時は偽りで飾り、或る時は偏った考えにとらわれて、自らを正当化し他人を不当評価する」ようになったと、構成造為を強く批判している。方谷が言う構成造為とは、作為的意図、功利的打算という意味であり、朱子学を強く意識していると思われる。

この構成造為により、人は「覇術に、異端に、まじめぶった顔に、偽善者に、徒党に、過激な集団に、うわべだけの華美になり、落ちぶれることとなった」と、方谷にしてはめずらしく、畳みかけるように激しい語調で島村に語っており、幕末の動乱の中で経験したさまざまな権謀術数への怒りの記憶が蘇ってきたのではないか。

と同時に、その時の方谷の胸中には、どうにもならない時局への諦めにも似た複雑な思いが交錯していたであろう。それは、動乱の京都を去り備中松山に帰る際に詠んだ漢詩「京師寓中作」（慶応三年（一八六七）八月）の「天を仰いで大笑して西に帰り去る」という一節からもうかがい知ることができる。策謀渦巻き、昨日の善が今日の悪となる幕末・維新の渦中を生き抜くことは、〝至誠の人〟方谷にとっては、心が痛む、辛いことであったに違いない。

最後に、方谷は島村に「誰でも生涯ひたすら学び努力すれば、自ら進んで善をなすようになる」と語る。方谷は、〝気〟は常に変化しており、その変化に従おうとすれば〝ひたすら〟ついていくほかにない。そうすることで〝善を為す〟ことができると考えていた。ここに晩年の方谷の思いが集約されている。

注4　自然の誠：ここでの「自然」とは、「自ずから然り」という意味合いで、あるがまま、つまり、思索構成（構成造為）がないこと。この語は方谷思想のキーワードのひとつで、誠実の志を持ち、善悪の価値判断を超えて、気のあるがままの状態にすること、をいう。

(4) 気一元論のまとめ

『師門問弁録』を出版した岡本巍の問は、方谷の〝気一元論〟の岡本なりのまとめからはじまる。村上・島村との問弁を通じて方谷は、〝気〟を〝あるがまま〟にゆだねることの重要性と、そのためには〝作為的〟な働きかけを排除すべきことを繰り返し述べてきた。岡本は、そのまとめとして、自らの言葉で師の思想を述べている。主な論点は、気一元論から導かれる性と情の関係、そして情の内容である「四端」の問題である。質疑は岡本が、方谷の学説を正確に理解しているかどうかを確認する形で進められ、方谷は多くの場合、岡本の論を言葉少なに肯定している。

その要点は、①気は万物を貫く筋道である、②形質という具体的な側面と、本質という抽象的な側面がある、そして、③「性」は「気」である、ということに尽きる。

そこで、岡本は『孟子』の「性善説」も、道徳的な価値にもとづく〝善悪〟ではなくて、〝あるがまま〟に従っているかどうか、という判断基準にもとづくものであると理解した。それゆえ、「形而下の具体的な反応や行動によってはじめて性が何であるかがわかるのならば、この性に仁義礼智の理があるといってもよい」という方谷の教えを、岡本は逆に、仁義礼智の実践を通じて〝性〟の具体像も把握できるのではないか、と考えて、その当否を尋ねた。

これに対する方谷の答えは、極めて簡潔である。すなわち、「気中の条理は自然に出てくるものであって、備わっているものでも、具体的なものでもない」のであり、岡本がイメージするように、一定の法則やメカニズムによって、その変化の過程を考えてはいけない、と説くにとどめる。

方谷にすれば、〝気〟を〝あるがまま（自然）〟の状態にさえしておけばよい、ということであろう。ことさら理屈を唱えて、如何にすればよいかを考える必要はない、というのである。

(5) 四端の説について

孟子のいう「四端の説」とは、「公孫丑章句 上」の中にある「惻隠（慈しみ）の心は、仁の端緒なり。羞悪（廉恥）の心は、義の端緒なり。辞譲（譲り合い）の心は、礼の端緒なり。是非（正邪の弁別）の心は、智の端緒なり」という四つ（仁義礼智）の芽生えを人間は生まれながらに持っている、というものである。

岡本は、『孟子』の「四端の説」の解釈について、朱子と王陽明の説をひきながら、自分の考えが間違っていないかを方谷に問うた。

まず、「四端の説」にいう「端」を反応の初め、文字どおりの端（きざし）ととらえた上で、岡本は、朱子と王陽明の学問の違いを次のように整理した。

朱子は、仁の基本となる原理はその端《はし》っこが外に見えるので、広めて行き渡らせれば、万理に通じることができる、と考えた。（窮理の学問）

一方、王陽明は、人間の良知（四端）はもともと備わっており、物事に触れて発動する、と考えた。（致良知の学問）

こう整理した岡本は、両者の違いについて方谷に教えを求めた。

これに対し方谷は、両者の違いは広める方法の違いであり、その大本に、〝理〟と〝気〟の位置づけの違いがあるだけだと指摘するのみである。

ところで、フランスの哲学者フランソワ・ジュリアン[注5]は、孟子の「四端」について、「孟子は人間性という徳（仁）、正しさという徳（義）、倫理的な序列を尊重する能力（礼）、価値を判断する才能（智）といった心の諸形式それ自体は、私たちの中の道徳性の『端《きざし》』に過ぎないといっている」と、岡本と同様の考えを述べている。

その上で、「羞恥や憐れみの反応が生じると、その時不意に、経験の領域に道徳性が姿を覗かせる。これらの反応は徳ではなく、潜在力なのだが、それはまた〝根源的な〟〝基本的な〟心（本心）に根ざしている」と言うのである。

それから、カントの道徳論を引き合いに出し、「カントは、道徳性を〝範例から導く〟ことほど、道徳性にとって〝有害なことはない〟として、道徳から経験に属している要素を取り除こうとした。しかし、井戸に落ちようとした子供への反応のように、孟子が提示する事例は、道徳性の範例として扱うべきものではない。それらは徴候にすぎず、経験の次元、感覚しうるものの次元にわずかに姿を覗かせた、ある『論理』の『端』にほかならない。その『論理』とは、経験を逃れ、感覚しうるものに制約されない『本心』の論理である」と孟子を弁護している。

ジュリアンは続けて、「孟子が語っているのは、道徳性の規範ではなく、道徳性の要請がわたしの内に存在するという保証であって、道徳を経験によって条件づけることを拒否したカントと対立するのではなく、むしろカントがなそうとした『道徳を基礎づける』のに役立つ」と指摘する。

そして、孟子は理性ではなく、感情に道徳を基礎づけようとしている、と言う。こうしたジュリアンの考えは、孟子の四端の説を理解する上で参考になる。（フランソワ・ジュリアン『道徳を基礎づける』）

また、ジュリアンの「孟子の考えでは、道徳性は、気の邪魔をするのではなく、逆に、気を開放し、促進する」「気は、利己主義によって閉じ込められると、その中で弱まっていくが、道徳性の効果を得ると、高まり、限りなく広がっていく」「気の拡充によって、無制約者（天）も感覚できるものになる。（そして）そのエネルギーは道徳性から自然に与えられたものである」などのコメントは、方谷の〝気の思想〟を考える上でヒントを与えてくれる。

なお、この孟子の四端説から竹内照夫は、教育論、学問論に言及して次のように述べる。

「教育は人の内部の固有能力を自覚させ、機能を増強させ、外部に発揮させる誘導作業であり、すなわち開発教育なのである。また学問は、教育によって自覚するか、あるいは自ずから自覚するに至った各自の四端について、その機能を増強し発揮するという実践的学問の一面（中略）を有する」と。

方谷も、教育の本質を「開発教育」ととらえており（この問弁がそのことを実証している）、学問も実際の行動を通して考えることが重要とするなど、まさに竹内が指摘する孟子の教育論・学問論を実践している。

注5　フランソワ・ジュリアン（一九五一〜）：フランスの高等師範学校で古典学を学び、ギリシア哲学研究の後、中国思想に取り組む。中国で学び、日本滞在経験もある。パリ第七大学教授。

（6）教戒からみる方谷の教え

『師門問弁録』の後半には、谷川達海・島村久・岡本巍の三人に与えた教えと戒めがまとめられている。

最初に、囲碁の勝負を例えに、部分にこだわらない大局的なものの見方の重要性を説き、読書の方法に及ぶ。言葉の意味がわかりにくいために書物全体がわかりにくい時は、「一旦その疑問を脇において、場合によっては全体をひと通り見直したり、他の本を読んでみる。そして、時々思い出して考えてみると、答えの出ることがある」と述べており、読書論として秀逸である。

続けて、関ヶ原の戦いの際、沼田の戦いで（真田に）足留めを食い、関が原の決戦に間に合わなかった徳川秀忠軍の故事を引き、「用兵も読書も同じようなものだ、滞るか滞らないかのところが大切であって、この世界は常に変化するので、もしも少しの滞りがあれば、大きな差しさわりが生まれる」と言う。

「気」の「あるがまま」の作用を重んじる方谷は、作為的な意思によってその作用を「滞らせる」ことを戒めているのである。

次に、島村久と岡本巍に対し、方谷は、気のあるがままの作用を発動させるためには、心を澄みわたらせることの大切さを教えている。

島村は、無善無悪の状態を、気そのものの状態と見るのか、善悪がもともと存在するのか悩んでいた。方谷は、そうした議論は気の働きを、結果を見る前に考えているのと同じである。それは、実践から学ぼうとする陽明学とは異なるものだ、と答えている。

岡本への教えは、気のあるがままの発動による、自らの行動についてである。

岡本自身は、方谷との問弁からも察せられるように、方谷の「気一元論」についての理解は深いものがある。実際に、方谷自身の回答も、岡本に対しては、その理解を深めるための補足といった程度のものであった。

むしろ、「優等生」たる岡本には、「生き生きとして行うこと」を教え、「強い気持ちを持って積極的に努力する」ことを説いている。自らの鏡を意識して磨きなさいとエールを送ることで、その学問理解がさらに深まることを期待していたのであろう。

『方谷年譜』明治八年の条にある詩（「学弊を論ず。賦して諸生に似《しめ》す」）には「一円大鏡は是れ吾が神、只だ工夫の点塵を払う有るのみ（一個の円鏡は吾が心をうつす鏡である。ただその塵を払う工夫が必要である）」とある。学問理解のために方谷が鏡の塵（心の塵）を払う日々の実践を重んじていることがよくわかる。

最後の教えが、谷川達海へのものである。

谷川が方谷に名前と号を求めたのに対し、方谷は与えた名前や号の（それぞれの）由来を説く形で、弟子への発奮をうながしている。

すなわち、「君子の道は、誠の心が基本である」とし、その誠の心を、王陽明がいう「水源のない数町歩の池水となるよりは、数尺四方でもいいから、水源から湧き出る井戸であった方がいい」の言葉を引き合いにして、水にたとえて説明している。

谷川の名前である盈進《えいしん》、号である原泉は、ともにこんこんと湧き出る水の様を由来としている。あるがままを重要視する方谷にとっても、この生き生きとした水の流れは、気の本来的な活動そのものであったろう。「原泉」、「盈進」から「達海」へと、川の源の小さな流れが、最後には大海へと広がる。その過程は、方谷の気一元論のイメージに合致する例えであり、谷川への愛を感じる。

方谷は、「谷川君よ、努力するのだ。（中略）ただ誠の心から事を行えば、名前と号に恥じることはない」と述べた上で、最後にこう締める。「達海勉メヨヤ」と。一瞬背筋が伸びる言葉である。『師門問弁録』が、現代の私たちに熱く語りかけてくる理由の一つは、真摯に学ぼうとする若き弟子たちへの方谷の思いやりが直接《じか》に伝わってくるからである。

六　おわりに

方谷は、『集義和書類抄』（心術類、立志の条）の中で、熊沢蕃山の「天地の間に己一人生きてありと思うべし」との所説を受け、「天地間ニ己一人ト思ウ心ト、万物一体ノ心ト、相反スル如クニシテ其心一ナリ。外ニ人ナキトキハ内ニ己ナシ。天地一太虚ノミ、人我皆空ナリ」とコメントし、「人我の別を超脱し、太虚のうちに心身を投入する」自らの境地を表明している。山田琢は、方谷のこの境地を、「実学としての陽明学を受用し、誠の哲学に立脚して、事業の上にその哲学を実践することを主眼としてきた方谷が最後に至り得た境涯であり心境である」（山田琢「日本漢学の展開―熊沢蕃山と山田方谷

――」（『陽明学第六号』所収）と言う。「天地一太虚ノミ、人我皆空ナリ」、これが、方谷晩年の思想の核心と言えよう。注6

このことを方谷の詩を全訳した宮原信は、「一人の人間が天地宇宙と一体となりきったとき、その人は真個の人間となり得たと言える」「方谷学の核心は〝気を養う工夫〟にあった。そしてその真髄は方谷の詩の中にはっきりと見て取れる」と言う。

次に、その天人合一思想をうかがえる詩二編を示し、この章の筆をおく。

鳶《とび》飛び 魚躍《おど》りて 天機を漏らす
這裡《しゃり》何ぞ隠微を説くを須《もち》いん
上下《しょうか》著明なるものは唯一気のみ
更に深理を求むれば事渾《すべ》て非なり

鳶が飛び、魚が躍るのもみんな道の作用である。
そういう目に見える姿の中に造化の機微が宿っている。そのままでいいのだ。
天地にみち、上下にみなぎる力それが気であり、その気が宇宙万物の根源である。
この気一つでいいのに、別に深慮な理があるように考えて、それを求めるから、
すべてがまちがってくる。

吾が気　浩然　大虚に同じ
何ぞ曾て半点《はんてん》　形躯《けいく》に落ちんや
纔《わず》かに私見を持して彼我を分かたば
究竟《くっきょう》　鍛成《たんせい》するは小丈夫のみ

われわれ人間に内在する元気は、盛大なもの、流行してやまないもので、あの天地万物を生成する宇宙の大元気と同じものなのである。この体内の元気はわれわれの肉体にすこしも拘束されるものではない。ところが、人間が自我の意識を持ち、自他の区別を立て、それにとらわれると結局小さな人間と化し去る。

（読み下し文、口語訳とも、宮原信を参考）

注6　方谷は、慶応二年（一八六六）、すでに太虚を論じて「一心高く太虚の中に住すれば大道豁然として万理通ず（以下略）」という詩を詠んでいる。太虚とは、万物の形状のないまさに宇宙全体に「気」のみが未物質の状態で存在していること（『入門山田方谷』）であり、宇宙の根源の気（一大気）のことである。心気を形軀にとどめず、太虚中に置けば、理は自ずから通ずるのである。

【参考文献】

朝森要『備中聖人　山田方谷』山陽新聞社、一九九七
小野沢精一・福永光司・山井湧編『気の思想』東京大学出版会、一九七八
竹内照夫『四書五経入門』平凡社、二〇〇〇
松川健二『山田方谷から三島中洲へ』明徳出版社、二〇〇八
宮城公子「山田方谷の世界」『幕末期の思想と習俗』ぺりかん社、二〇〇四
宮原信『哲人山田方谷とその詩』明徳出版社、一九七八
山田琢『山田方谷　シリーズ陽明学28』明徳出版社、二〇〇一
山田琢・石川梅次郎『山田方谷・三島中洲 叢書・日本の思想家41』明徳出版社、一九七七
山田方谷顕彰会『孟子養気章講義』（私家版）二〇〇六
山田方谷に学ぶ会『入門　山田方谷』明徳出版社、二〇〇七
吉田公平『伝習録』タチバナ教養文庫、一九九五
吉田公平「山田方谷の「気生理」の説」『日本近世の心学思想』研文出版、二〇一三
フランソワ・ジュリアン『道徳を基礎づける』講談社学術文庫、二〇一七

第三部　附　編

閑谷学校での教育

山田方谷の閑谷学校（注）での講義等を『方谷年譜』などから見ると、次のようになる。なお、開校時（明治六年）には二十〜三十人だった生徒は、翌年には百人を超えたという。（『閑谷学校史』閑谷学校史編さん委員会、一九七一、閑谷学校史刊行会）

明治五年（一八七二）一月　岡本巍・中川横太郎等、岡山への学校設立を計画。方谷を訪ねた中川に閑谷学校再興を提案する。（旧藩主池田家からの資金援助）

明治六年（一八七三）二月　閑谷学校再興。方谷、閑谷学校を訪れて講義する。

同　十月　『孟子養気章』を講義する。

『孟子養気章或問《わくもん》図解』を著わす。

明治七年（一八七四）三月　閑谷学校を訪れて講義する。

同　五月　閑谷学校を去るにあたり、谷川・島村・岡本に「教戒」（棋喩）を授ける。

同　十月　閑谷学校を訪れて講義する。

明治八年（一八七五）二月　閑谷学校を訪れて講義する。

　　同　　　　　　　十月　閑谷学校を訪れて講義する。阪田警軒を招聘する。

明治九年（一八七六）七月　閑谷学校を訪れて講義する（最後）。


次に、順を追って方谷の閑谷での活動を見てみたい。

明治六年（一八七三）二月、方谷最初の訪問時、中川、岡本、谷川、島村をはじめ生徒すべてが和気まで方谷を出迎えた。方谷はこの時一か月余りの間、閑谷で教えている。旅費や必要経費は閑谷学校で都合したものの、月給、謝金を方谷は受けていない。

小阪部塾を抱え、閑谷に移住することは困難であった方谷だが、以後、毎年春秋の二回閑谷学校へ来ることを約束して帰郷した。

帰途に際して、閑谷学校での学業方針を次のように示している。

○経学は陽明学を主として、朱子学は取捨すべきこと。
○文字訓詁は清朝の学術によること。
○史学は和漢洋と順序を立てて読むこと。この三史とも歴代制度の研究が重要である。
○幼童より地理史学の二科を第一に教授すべきこと。和漢洋万国と順序を乱さぬこと。
○漢文は最も力を用いること。力量に応じ日課又は月課の法あるべきこと。ただし達意を主とし、健筆を学ぶべきこと。

明治六年十月、約束どおり、二回目の閑谷行を果たした方谷は、このとき『孟子』「公孫丑章句」に記された「浩然の気を養う」に関して講義を行った。いわゆる「孟子養気章」と呼ばれているこの部分は方谷の「気の哲学」の重要な意味をもつ一文である。このとき、方谷は王陽明の説に従って講義をしたが、朱子の説とは異なるので、誤解を招くことを避けるため、『孟子養気章或問図解』を著している。

また、閑谷行きに先だって賦した漢詩にも期待を込めて書かれていたが、閑谷学校の蔵書の中に、熊沢蕃山著の『集義和書』が収められていた。『集義和書』は、熊沢蕃山が門人の求めに応じて、岡山藩政に生かした、自ら感得し心に受けた印象を、問いに答える形で書き記した代表的な著作物である。寛文十二年(一六七二)初版本十一冊が刊行され、三〜四年の後、大幅な改訂が行われたが、学問を志す者の心を正すことに力点がおかれていることが特徴である。方谷は『集義和書』を読み、重要な場所を抜粋し、要所に評を加え『集義和書類抄』を残した。この著作も岡本巍によって、明治三十五年(一九〇二)に刊行されることになる。

閑谷学校から小阪部に帰る途中(十二月)、久米郡大戸下村《だいとしもむら》(現・久米郡美咲町大戸下)に直原又十郎・福田久平らによって開かれた郷学知本館に立ち寄り、『大学』を講義した。

明治七年(一八七四)二月、閑谷を訪れ(三度目)、五月に帰郷する。このとき、岡本、谷川、島村

方谷旧宅跡（著者撮影）

にあてて「棋喩」（囲碁のたとえ　本編「教戒」に収録）を示し、島村にはさらに教戒を与えている。（本編「教戒　島村子に示す」）帰途、再び知本館を訪れ、弟子の服部犀渓に普段の教授を託している。

明治七年十月、四度目の閑谷来遊。このとき、方谷不在の夏と冬との教授を旧備中松山藩の儒学者鎌田玄渓に依頼している。

同月、岡本たちは閑谷から少しはなれた蕃山村（現・備前市蕃山）の熊沢蕃山旧宅跡に草庵を建て、休息の場所を提供している。方谷はここをいたく気に入り、同年十一月には鎌田玄渓とも訪れている。現在、草庵は残らず、国文学者正宗敦夫の手になる石碑が建立されている。帰途十二月、知本館に寄り、経書の講義をした。この時、二首の和歌を残している。

ふみ見るも鋤もて行くも一筋の学びの道の歩みなるらん
世の為とおもへば楽し鋤つかふ苦しき業に身はやつすとも

さらに、同月、矢吹正誠《まさのぶ》が北和気村（現・久米郡美咲町行信《ゆきのぶ》）に郷学を開くこととなり、請われてその開校式に出席した。このときは、『論語』の講義を行い、その塾を「温知館」と名付けた。

明治八年（一八七五）二月、五度目の閑谷来訪となる。昨年置かれた蕃山の草庵を宿とした。この頃から方谷は耳を患うなどの障りもあったが、来遊している。

また、明治七年五月から六月にかけて、台湾出兵があり、これを期に島村久は清国に遊学し、谷川達海は明治八年に岡山県に出仕し、それぞれ閑谷を離れた。これにより校内で生徒の監督をするものが減ってしまった。

明治八年十月には六度目の来訪となったが、鎌田玄渓が教授を辞任したため、岡本らは興譲館の坂田警軒を招くことを計画し、賛同した方谷は推薦状を書き、岡本に渡した。岡本の熱意でなんとか坂田から一年間の約束で教授を引き受けてもらっている。

明治九年（一八七六）七月、七度目の閑谷行となり、八月、知本館に立ち寄り帰郷した。これが最後の閑谷行となった。

明治十年六月二十六日、山田方谷は小阪部の地で悠然と没した。七十三歳であった。枕元には板倉勝静から拝領した短刀と、小銃、王陽明全集が置かれていた。

方谷の最晩年は閑谷再興に費やされたといっても過言ではなかった。学問を志す有為の青年たちを導くことに心血を注いだ。そして、ここで講じられた学問は方谷の哲学の到達点といえるものであった。

（注）閑谷学校：岡山県備前市閑谷にあり、はじめ閑谷学問所といわれた。明治六年（一八七三）、山田方谷が招かれた再興時には閑谷精舎《しょうじゃ》、明治十年方谷の死により閉校したあと同十七年、西毅一、中川横太郎、岡本巍らにより再度開校したときには閑谷黌《こう》と呼ばれた。現在では一般に閑谷学校として知られている。

閑谷学校は、寛文十年（一六七〇）、備前岡山藩主池田光政が和気郡木谷村延原《きだにむらのぶはら》の地（延原は閑静なる山谷の意である閑谷と改められた）に庶民教育のための学校を設置することを学校奉行津田永忠に命じたことに始まる。延宝元年（一六七三）には講堂（旧）が建ち、その翌年には聖堂（旧）が完成した。その後、この学校の永続を願う藩主の意を受けた津田永忠は、約三十年かけて閑谷学校の拡充に取り組み、聖堂の再建や講堂の大改築を実施し、講堂の改築は元禄十四年（一七〇一：池田綱政の代）に完成を見た。これが現在残されている国宝の講堂をはじめとした特別史跡旧閑谷学校である。

【参考文献】

岡山県史編纂委員会編『岡山県史第六巻近世Ⅰ』一九八四
加原耕作「閑谷精舎の運営に関する若干の考察」『閑谷学校研究　第六号』二〇〇六

財団法人特別史跡旧閑谷学校顕彰保存会編『閑谷学校ゆかりの人々』二〇〇三
閑谷学校史編さん委員会編『閑谷学校史』一九七一
山田準編『山田方谷全集』一九五一
宮原信『山田方谷の詩―その全訳』一九八二

人物紹介

師門問弁録に登場する村上、島村、岡本、谷川の四名と附録の佐伯について、以下紹介しておきたい。当時の閑谷学校における塾中席次は、監講を上位とし、入門順に、冠者（十七歳以上）、准冠者（十六歳）、童子（十五歳以下）に分けられていたという。監講は、塾生の中から選ばれた俊秀で、童子の授業を助ける役割があり、島村久、岡本巍、谷川達海の三人がその任にあたった。岡本と谷川は校地・校舎の引受人（管理責任者）も兼ねるなど、重要な役割を担っていた。また、村上作夫は学頭（塾長）に任ぜられていた。

村上作夫（むらかみ　さくお　一八四七～一八八五）

豊後森藩《ぶんごもり》士。豊後森藩は、現在の大分県玖珠郡玖珠町等を領地とする藩で、藩主は久留島氏。石高は一万四千石であった。

村上作夫は、名を義春とも称し、樟江《しょうこう》と号した。幼少の頃から神童の誉れ高く、十六歳の時には、すでに『通鑑綱目』百五十巻を読破している。十八歳の時、杵築《きつき》の元田竹渓の塾に入門し、塾頭にまでなり、十九歳の時には、帆足《ほあし》万里と中井履軒らの学説を折衷し、『書経』に注釈を加える書誌学的仕事を行っている。藩校修身舎の教授などを務めたあと、東国漫遊の旅に出る途中の明治五年（一八七二）十月、山田方谷の門に入り、小阪部塾、また閑谷学校で最晩年の方谷に学ぶ。当初三か月の予定が、方谷の「ともに研究しよう」との誘いを受け、都合七か月方谷のもとに滞在することになった。方谷は作夫の才能を非常に高く買っていたのである。『師門問弁録』はこの時の成果だといってよい。

その後、京都の春日潜庵に入門。明治十年、私塾「叡麓舎」を開き、明治十二年には濱岡光哲とともに「京都商事迅報（のちの京都新聞）を創刊した。その後松方正義の勧めで内務省、農商務省に出仕するも、吐血して、十五年（一八八二）に、濱岡の『京都新報』に主筆格で戻るが、三年後（明治十八年）に三十九歳の若さで亡くなった。

明治から昭和の言論界で活躍した徳富蘇峰は、同志社で漢学の教鞭をとっていた作夫に「作文に於ける新たなる光明を与えられた」と自伝で追慕している。

『方谷年譜』明治五年の条項には、小阪部塾で学ぶ作夫が、後に方谷の談話を集めた『雨窓夜話』の中で晩年の方谷について次のように語っている、との記述がある。

「方谷先生は、世の中を捨てても世の中を忘れず、世の中にいても世の塵にそまらなかった。そのような清らかで穏やかな老境は、奥ゆかしいことだ。しかしながら、方谷先生の腹中には老いてもなお英雄豪傑の気は衰えず、折に触れて感激すると、詩を朗吟しながら扼腕して慨嘆されることがあった」

また、春日潜庵と方谷を比較し、「山田翁の磊落は、快絶春風のごとし。故に門下遊泳自由、ために人材輩出せり。春日翁の厳正は、粛殺秋霜のごとし。故に門下進退窮屈、よって著名の弟子なし」と評している。二人の人間としてのありようがよくわかる人物月旦である。

作夫は、平常はむしろ寡黙だが、ひとたび口を開けば談論風発、たちまち相手の心をとらえてしまうような不思議な魅力を備えた人物であった、と伝えられている。「人となり聡明、最も出藍の聞えあり」と評された作夫である。長生きしていれば、途轍もなく大きな仕事をしていたに違いない。

参考：今永清二「方谷門人伝（二）（三）気鋭の俊才・村上作夫」（『高梁方谷会会報』第三号所収）

朝森要『山田方谷とその門人』

森博『「二百年後ノ世界ヲ待ツ」村上作夫伝』

『山田方谷先生年譜』

島村久（しまむら ひさし 一八五〇～一九一九）

外交官、実業家。

上道郡八幡村で島村文吾の長男として生まれる。備前藩主池田茂政の祐筆となり、かたわら星島塾で漢籍を学ぶ。のち山田方谷門に入り、師に従って閑谷学校に移り、岡本巍、谷川達海とともに三秀才と称された。維新後は洋学の必要を感じ、ひそかに土蔵内で独習の逸話もある。明治七年（一八七四）二月、琉球島民が台湾島民に殺害された事件による日本政府の台湾出兵に触発されて、単身清国に渡り、その国情を視察し、中国語を学んで帰国した。明治九年（一八七六）天津領事館書記生、副領事。明治十七年（一八八四）朝鮮公使館書記官、同年十二月の甲申事変には、竹添公使とともに軍隊を率いて在留邦人保護に努めた。その後、和蘭及び英国公使館書記官に転出。ついで外務省会計課長を経て、二十五年ニューヨーク駐在領事。二十七年日清戦争勃発により大本営附となり、大山第二軍司令官の外交顧問として出征。丁汝昌提督の投降に際し、交渉に当たった。戦後には当時独立国であったハワイ国弁理公使。明治三十二年（一八九九）本省に帰って特命全権公使となる。この年、井上馨や三井高保の推薦で鴻池銀行専務理事に就任、大阪倉庫の専務取締役も兼ねた。日露戦争の際には、内外債の募集に奔走し、その功により勲三等を拝受。大正二年（一九一三）足痛のため鎌倉に引退。大正八年（一九一九）一月、流行性感冒により急逝した。享年七十歳。

久は、岡本巍が編纂した『孟子養気章或問図解』跋文で、「説いて体用一源、動静一致の妙用に至れば、すなわち莞爾として微笑す。蓋し学問は自得にあるの意を暗示するなり」と、閑谷学校で学んでいた当時の方谷のことを振り返っている。これらの記述から、方谷の弟子たちへの講述が真剣な中にも愉しんで行われていた様子がうかがえる。

参考：『岡山市史　人物編』

『岡山県歴史人物事典』

林秀一「山田方谷」『陽明学大系第九巻　日本の陽明学（中）』

岡本巍（おかもと　たかし　一八五〇～一九二〇）

漢学者、教育者、実業家。号は天岳。

岡山藩士岡本修爵《おさたか》の子として岡山城下に生まれる。漢学を学び、十八歳で岡山藩国史局に出仕、のち議事院議員となる。

明治四年（一八七一）の廃藩置県に伴い、藩校が洋学校化されたことに反発して漢学館を設立する。翌五年（一八七二）に学制が発布され、備前各郡小学校取締役となるが、明治六年（一八七三）一月には辞職した。廃校となっていた閑谷学校を再興すべく、中川横太郎、谷川達海、島村久らとともに奔走し、山田方谷を招き、閑谷精舎《しずたにしょうじゃ》として明治六年二月に再興した。方谷に師事し、陽明学を修めた。また、この時の記録を基に、明治三五年（一九〇二）『孟子養気章講義』『孟子養気章或問図解』、『集義和書類抄』、『師門問弁録』といった方谷の著作を編纂した。

再興された閑谷学校だったが、方谷の病い・教師不足などにより、明治十年（一八七七）四月に閉校となった。そこで、岡山に支校が設けられ、岡本は総監となった。同年六月に方谷が病没した後、岡本は京都に遊学した。明治十一年（一八七八）、吉野郡（現在の美作市北部）郡長となるが、三年後病気により辞職する。明治十七年（一八八四）、休校となっていた閑谷学校を閑谷黌《こう》として改めて再興。同年京都同志社の漢学教授となった。明治二十二年（一八八九）、岡山紡績常務取締役に就任。明治二十四年（一八九一）、岡山セメント社長、また吉備鉄道株式会社の発起人ともなった。この間、旧制岡山中学校の倫理、漢文の授業を嘱託されていた。明治三十七年（一九〇四）、西毅一の後を受けて閑谷黌の校長となり、四年間在職した。晩年、池田家岡山事務所に出仕して家譜の編纂に携わるほか、私塾弘道書院を開いて漢籍を講義した。大正九年（一九二〇）四月、七十一歳で病没。

岡本が明治三十八年、五十六歳の時に、自ら会得した道理を書きとどめたという『自得録』の序に、「山田方谷先生の教えを受けてからは、豁然として心が開け、坦々たる道を行くがごとく、陽明学の精髄に接することができた。（中略）方谷先生の教えは、王陽明の正脈を得ていることを深く信ずるようになった」というくだりがある。岡本がいかに方谷に傾倒し、深い影響を受けていたかがよくわかる。こうした思いが方谷の遺著の出版につながったのだと思う。岡本巍がいなかったら方谷の晩年の学問・思想は後世に伝わらなかったであろうことを思うと、岡本に深甚なる謝意と敬意を捧げずにはおられない。

参考：山田琢「方谷門人伝（四）方谷門下の偉才岡本巍」（『高梁方谷会会報』第四号所収）

岡本巍『自得録』

山田準「岡本巍君略伝」（『陽明学』第一六四号所収）

『岡山県歴史人物事典』

谷川達海（たにがわ　たつみ　一八五二〜一九二二）

実業家、弁護士、地方政治家。号は原泉。またの名は盈進という。

岡山藩士入江太郎次の二男として生まれる。慶応四年（一八六八）、西毅一（薇山　一八四三〜一九〇四）の門に入り、岡本巍らと知り合い、四書五経を学び、時局を論じ合った。明治三年（一八七〇）三月、岡山藩槍術指南の谷川進吾の娘と結婚し、谷川家に入る、同年五月、山田方谷の長瀬塾で学ぶ。在籍は六カ月ほどであった。中川横太郎（一八三六〜一九〇三）、岡本巍、島村久らとともに廃校となっていた閑谷学校を再興するため、山田方谷を招こうとして奔走し、再興を果たした。閑谷精舎と呼ばれたここで、岡本巍、島村久とともに監講を務めた。

『師門問弁録』には、「教戒」と「谷川子ニ与フ」の二編が採られている。「谷川子ニ与フ」には、方谷が述べた谷川の号（原泉）の由来（泉の源からこんこんと湧き出る水があふれ出て、流れとなり、更には四海にいたるという『孟子』に見られる言葉）が記されている。水に見立てた誠の有り様を象徴しており、それを谷川への教えとしたのだった。

明治八年（一八七五）、閑谷を離れ、岡山県庁に出仕する。翌年には司法省に転任した。この間にも、谷川は方谷の教えと激励に支えられ職務にあたった。明治十年（一八七七）、西南戦争がはじまると、志願して従軍する。その後、谷川は、再度の仕官はせず、上京し法律学を学んで代言人（弁護士）となり、明治十三年（一八八〇）岡山県代言人初代組合長に推されている。一方、旧藩士の授産を目的とした有終社結成に尽力し、明治十七年（一八八四）、経営不振であった岡山紡績所を有終社が譲り受け、岡山紡績会社として再編、社長に就任し業績を上げた。

明治二十六年（一八九三）、岡山商業会議所（後の岡山商工会議所）初代会頭に就任。明治二十二年（一八八九）から議員として勤めていた岡山市議会で、明治二十七年（一八九四）、第三代議長となった。

明治四十四年（一九一一）、紡績業界から引退したが、紡績王国岡山の形成に大きな足跡を残した。また、禅を修め、陽明学にも造詣が深く、晩年『孔門学派極地之標的及初学入手之端的釈義』を発刊。

参考：朝森要『山田方谷とその門人』
石田寛「方谷門人伝（一）経世家谷川達海」（『高梁方谷会会報』第二号所収）
『岡山県歴史人物事典』

佐伯暦之助（さえき‐れきのすけ　一八四一～一九二二）

真宗僧侶。本名は松浦僧梁《そうりょう》、号は鉄心。佐伯暦之助は山田方谷のもとで学んでいた頃の仮称。出雲国楯縫《たてぬい》郡水谷本荘村（現在の出雲市本庄町）で松浦卯助の四男として生まれる。文久二年（一八六二）能義《のぎ》郡広瀬村の蓮教寺南月師に就いて宗典を学ぶ。

明治四年（一八七一）四月から明治九年（一八七六）三月まで、山田方谷の小阪部塾や閑谷学校で学ぶ。方谷のもとを辞した後、旧豊後森藩士の村上作夫らと共に、耶馬渓の羅漢寺に私塾「水雲館」（後に「鎮西義塾」と改称）を興し学徒を養成するも、病をえて帰国療養。明治十二年（一八七九）四月に上洛し修学に励む。

明治二十一年（一八八八）一月、滋賀県坂田郡鳥居本村（現在の彦根市鳥居本町）専宗寺の住職（第十三世）となる。自坊に学寮「博貫舎」を設け、学生を集めて宗乗（自らの信ずる教義や歴史）・余乗（他宗の教義や歴史）・漢籍を教授した。明治四十四年（一九一一）閉鎖に到るまで延べ三百名以上を指導。大正三年（一九一四）勧学（浄土宗・浄土真宗などで、教学上の最高の位）を授けられる。大正十一年（一九二二）十一月、享年八十二にして入寂。

参考：秀野大衍「勧学松浦僧梁師について」（『木村武夫教授古稀記念 僧伝の研究』所収）
井上哲雄『真宗本派学僧逸伝』

山田方谷　略年譜

年号	西暦	年齢	事項
文化　二	一八〇五	一	二月二十一日、備中松山藩領阿賀郡西方村（現高梁市中井町西方）に父五郎吉、母梶（かぢ　本姓西谷氏）の長男として生れる。諱（いみな）は球、字（あざな）は琳卿、通称は安五郎、幼名は阿璘（ありん）、号は方谷。後、妹美知、弟平人が生れる。
文化　五	一八〇八	四	母梶から文字を習う。作州木山神社（現真庭市木山）拝殿で揮毫を披露する。
文化　六	一八〇九	五	新見藩儒丸川松隠の門に入る。
文化　七	一八一〇	六	新見藩主関長輝の前で揮毫を披露する。
文化十二	一八一五	十一	初めて詩を賦す「得家書」。
文政　元	一八一八	十四	八月二十七日、母梶が亡くなる。四十歳。父、継母近（本姓西谷氏）と再婚。

文政二	一八一九	十五	七月四日、父五郎吉が亡くなる。
文政三	一八二〇	十六	親族の相談によって、方谷が西方の実家を継ぐ。これより、家業と勉学に励む。
文政四	一八二一	十七	新見藩士の女若原氏（名は進。十六歳）と結婚。
文政八	一八二五	二十一	十二月、備中松山藩主板倉勝職（かつつね）から二人扶持を賜り、学問所での修業を許される。
文政十	一八二七	二十三	春、京都へ遊学し、丸川松隠の旧知である寺島白鹿に学ぶ。年末に帰郷する。
文政十二	一八二九	二十五	三月、再び京都へ遊学（〜九月）し、寺島白鹿に学ぶ。 十二月、名字帯刀を許され、八人扶持を賜り、中小姓格に上り、藩校有終館会頭を命じられる。
天保二	一八三一	二十七	七月、二年間の遊学が許され、京都へ。（三度目） 八月四日、丸川松隠が亡くなる。七十四歳。 鈴木遺音の門に出入りし、春日潜庵らと交わる。
天保三	一八三二	二十八	秋、王陽明の『伝習録』を読む。
天保四	一八三三	二十九	十月、大塩平八郎の『洗心洞劄記』を奥田楽山に送り、藩中に紹介を促す。

			十二月、三年間の江戸遊学が許され、江戸の藩邸に入る。
天保　五	一八三四	三十	一月、佐藤一斎の門下として学ぶ。三年間従学し、塾頭となる。
天保　六	一八三五	三十一	同門の佐久間象山と議論をたたかわせる。
天保　七	一八三六	三十二	五月、長女の瑳奇が亡くなる。十一歳。 九月、藩主勝職の帰城に従い、帰藩する。佐藤一斎から別れの際、「盡己」の書を贈られる。 十二月、有終館学頭を命じられる。城下御前丁（現高梁市御前町）に邸宅を賜る。
天保　九	一八三八	三十四	有終館学頭の傍ら、家塾牛麓舎を城下御前丁の邸宅に開く。
天保　十	一八三九	三十五	一月、弟平人に長男耕造が生まれる。（方谷の養嗣子） 春、備中松山城下で火災がおこり、有終館が二度目の類焼。方谷の尽力で再建される。
天保十三	一八四二	三十八	六月、伊勢桑名藩主松平定永の八男寧八郎（勝静）が板倉勝職の養嗣子となる。
弘化　元	一八四四	四十	六月、世子板倉勝静が入封。方谷、勝静に講義をする。

弘化　四	一八四七	四十三	四月、三島中洲を伴い、津山藩に行き、津山藩士天野直人に洋式の大砲及び銃陣について学び、軍制改革の端緒とする。また、庭瀬藩老渡邊信義に火砲技術を学ぶ。
嘉永　二	一八四九	四十五	四月、勝静が藩主となる。周防守と改称する。 八月、勝職が亡くなる。四七歳。 十一月、弟平人が亡くなる。三十六歳。 十二月、勝静から元締役兼吟味役を命じられ、就任。
嘉永　三	一八五〇	四十六	上下節約・負債整理・産業振興・藩札刷新・士民撫育・文武奨励を掲げ、藩政改革を進める。
嘉永　四	一八五一	四十七	六月、勝静、奏者番を命じられる。
嘉永　五	一八五二	四十八	郡奉行を兼務する。民政改善につとめる。 松山に撫育所（方）、江戸に産物方を設置する。 藩札の半数以上を買収し、近似村河原で焼却する。新藩札「永銭」を発行する。 農兵（里正隊）、銃陣を編成する。
嘉永　六	一八五三	四十九	六月、ペリー（アメリカ）が浦賀に来航。

安政　元	一八五四	五十	参政となる。 賀陽郡八田部村に教諭所を設置。 士民撫育の三急務策上申。 藩の銃砲術を統一。 鍛冶町・玉島に教諭所を開く。
安政　二	一八五五	五十一	年寄役助勤につく。
安政　三	一八五六	五十二	妻に緑を迎える。（吉井氏） 元締役をやめる。後任に大石隼雄が就く。
安政　四	一八五七	五十三	八月、藩主勝静寺社奉行を兼務する。
安政　五	一八五八	五十四	四月、井伊直弼が大老。安政の大獄始まる。（九月〜） 六月、日米修好通商条約調印。 十月、徳川家茂、十四代将軍となる。 十一月、備中松山城外の要地に在宅をすすめ、土着志願をつのる。 長州藩士久坂玄瑞が来遊し、枯梗河原（高梁川中洲）で行われた銃陣の調練を衆人に混じって視る。

安政 六	一八五九	五十五	二月、勝静、寺社奉行を罷免される。 四月、西方村長瀬（現高梁市中井町）に移住する。 七月、越後長岡藩士河井継之助が来遊。（翌年三月まで）
万延 元	一八六〇	五十六	三月三日、桜田門外の変が起こる。 十月、大石隼雄元締役をやめ、方谷、再び元締役を兼務する。
文久 元	一八六一	五十七	二月、勝静再び奏者番兼寺社奉行に任じられる。この時、方谷は顧問として江戸へ向かう。 五月、病のため帰藩し、元締役をやめる。御勝手掛を命じられる。
文久 二	一八六二	五十八	一月、坂下門外の変が起こる。 三月、勝静、老中に補され、外国事務を担当した。再び方谷を顧問として江戸に召し出す。 アメリカ製の洋式帆船「快風丸」を横浜で購入する。 七月、一橋慶喜を将軍後見職、福井藩主松平慶永を政事総裁職とする。 閏八月、京都守護職を置く（松平容保）。勝静、福井藩士横井小楠に時事に関する意見を聞く。方谷も列席する。 十一月、将軍徳川家茂に謁見する。

文久　三	一八六三	五十九	十二月、隠居を許され、家督を譲る。但し、年寄役に準じ、大事の時は参与することを命じられ、隠居扶持を賜わる。しばらく江戸にとどまる。 三月、将軍徳川家茂上洛する。勝静も随う。 四月、一度帰藩し、再び京都に召し出される。 六月、徳川家茂、江戸へ帰る。勝静も同行。方谷は許されて、帰藩する。このとき、勝静が将軍家から拝領した袴を下賜される。 八月十八日、公武合体派が尊攘派を京都より追放、八月十八日の政変起こる。
元治　元	一八六四	六十	長瀬対岸の瑞山（水山）を開墾し、草庵を構える。 六月、勝静、老中を罷免される。 七月、禁門の変（蛤御門の変）。第一次長州征討（戦争）が始まり、勝静、山陽道先鋒を命じられる。方谷、留守の兵権を預かり、頼久寺に入り、郷兵を部署に配置する。
慶応　元	一八六五	六十一	十月、勝静、再び老中となる。伊賀守に改称。

慶応　二	一八六六	六十二	一月、薩長連合の盟約なる。 四月、備中騒動が起こる。方谷、一隊を率いて野山口（現上房郡賀陽町）を守る。 六月、第二次長州征討（戦争）が始まる。 七月、将軍徳川家茂が大坂城で没する。 八月、勝静の諮問に応じ、長藩存置の三策を献じる。征長停止の沙汰書が出される。 十二月五日、徳川慶喜十五代将軍となる。二十五日、孝明天皇死去。
慶応　三	一八六七	六十三	六月、京阪の地に赴き、勝静を補佐する。 八月、帰藩を許され、勝静から短刀を賜わる。先妣西谷氏碑陰記なる。 十月十四日、慶喜、大政奉還の上表文を朝廷に提出。 十二月九日、王政復古の大号令。徳川氏善後策を勝静に献じる。
慶応　四	一八六八	六十四	一月、戊辰戦争が始まる。勝静、江戸、日光、奥州を経て箱館へ。 一月十八日、備中松山城を鎮撫使（岡山藩）に開城。 一月二十二日、玉島の西爽亭で熊田恰（あたか）自刃。
明治　元	一八六八	六十四	九月、長瀬塾（現ＪＲ伯備線方谷駅付近）を開く。

明治二	一八六九	六十五	五月、勝静、東京で自訴（明治五年に許される）。 九月、藩を二万石で再興（藩主は板倉勝弼）。翌月、高梁藩と改称。
明治三	一八七〇	六十六	十月、長瀬から小阪部（現新見市大佐小阪部）へ移り、子弟教育にあたる。
明治四	一八七一	六十七	七月、廃藩置県。高梁県となる。 八月、明親館（現真庭市台金屋）で開校に臨み『大学』を講義する。
明治五	一八七二	六十八	十一月、金剛寺（現新見市大佐小南）に庵を営む（現方谷庵）。
明治六	一八七三	六十九	二月、臥牛亭の移築を行う（当初蓮華寺境内。後、八重籬神社境内）。 二月、はじめて閑谷学校に赴き、子弟教育を行う。以後、春秋の二回訪れる。 十二月、知本館（現久米郡美咲町大戸下）に赴き、『大学』を講義する。後、閑谷からの帰途に赴くことを約す。
明治七	一八七四	七十	十二月、温知館（現久米郡美咲町行信）で開校に臨み『論語』を講義する。
明治八	一八七五	七十一	四月、高梁で勝静と対面。長瀬で勝静三泊する。

明治　九	一八七六	七十二	七月、閑谷行き、八月、知本館行きが最後となる。 九月頃より病勢すすむ。
明治　十	一八七七	七十三	六月二十六日、小阪部で没する。枕元には勝静から賜った短刀、小銃と王陽明全集が置かれた。 六月二十九日、西方村に葬られる。（現方谷園内）
明治十二	一八七九		「方谷山田先生碑」八重籬神社境内に建立。

あとがき

山田方谷は、藩校有終館、家塾牛麓舎、私塾の長瀬塾、小阪部塾、そして閑谷学校や美作の郷学知本館、温知館など、さまざまな場で教育を行いました。

弟子も、後の藩主板倉勝静をはじめ、上中級藩士の大石隼雄、三浦仏巌、士分以外の進鴻渓、三島中洲、藩外の河井継之助、村上作夫など、多岐にわたります。

さらに、教えた時期も、文政十二年（一八二九）藩校有終館会頭を命ぜられて以来、ブランクはあるものの没年の明治十年（一八七七）まで続けられています。

それぞれの塾の規則や用いた古典などをみると、その教えは一貫していることに気付きます。

教育の基本は、牛麓舎での塾規にある「職業三條」の「立志（将来の目的を定めて、これを成し遂げようとすること）、励行（決めたこと、決められたことを実行すること）、遊芸（教養を高めて文化的に豊かな生活をすること）」に尽きると思います。理想とした人物像は、江戸遊学する石川伯介宛書状に見える「温厚、謙遜、詳密、節倹、養生」を備えている人と考えてよいでしょう。河井継之助に語った佐久間象山の評「温良恭謙譲の一字、何れある」にも通じます。

方谷が用いるテキストは、四書五経、『資治通鑑《しじつがん》』、『近思録《きんしろく》』、『集義和書《しゅうぎわしょ》』、『日本外史』といった永く読み継がれたものでした。その中で方谷の講義録として残されたのが『続資治通鑑綱目講説』、『古本大學講義』、『中庸講《ちゅうようこう》筵録《えんろく》』、『孟子養気章講義』、『孟子養気章或問図解』、『集義和書類抄』、そして『師門問弁録』です。

方谷の教育の力点は、「私心」を取り去り、心を磨く努力をし、滞ることなく自らが考え、行動する人を育てることにあります。『論語』に見られるように、師弟は対話によって教え、教わるものであり、議論、詩作・作文添削の過程は、その対話に他なりません。これは、常に変動する社会と関わりあいながら、力強く生きていくための訓練でもあり、今の時代、まさにそれが求められているのだと思います。

今回現代語訳した『師門問弁録』には、方谷と門弟たちとの生き生きとしたやり取りが記されており、方谷が、いかに一人ひとりを理解し、対話を通じ、自ら考え、行動する人を育てようとしていたか、よくわかります。方谷が身をもって示してくれた〝教育〟から、私たちが学ぶことは多いのではないでしょうか。

問弁の最初に登場した村上作夫は、後に方谷を「山田翁の磊落は、快絶春風のごとし。故に門下遊泳自由、ために人材輩出せり」と評しています。「快絶春風のごとし」とは、まさに人間方谷、教育者方谷を言い得て妙であります。

この本の発行にあたっては、山田方谷に学ぶ会顧問の児玉享氏、矢吹邦彦氏および当会メンバーの山本邦男氏、片山純一氏などから貴重なアドバイスをいただきました。とりわけ、加古一朗氏には資料の提供、執筆にあたっての細部に渡る検討に加わっていただきました。また明徳出版社佐久間保行社長には、出版の労をお取りいただきました。末筆ながら記して厚く感謝申し上げます。

山田方谷に学ぶ会
渡辺　道夫
網本　善光

事　項

書　名

索　引

人　名

渡辺　道夫（わたなべ　みちお）

1948年生まれ。立命館大学法学部卒業。山田方谷に学ぶ会代表世話人。元岡山県立美術館副館長。

著作に『入門山田方谷』（共編著、明徳出版社）、『山田方谷のことば』（共編著、登龍館）、『孟子養気章講義』（共著、私家版）、研究ノート「士民撫育の三急務策について想う」『山田方谷研究会会誌』3　などがある。

網本　善光（あみもと　よしみつ）

1960年生まれ。筑波大学第一学群人文学類卒業。山田方谷に学ぶ会会員。元笠岡市 市民生活部長。

著作に『入門山田方谷』（共編著、明徳出版社）、『山田方谷のことば』（共編著、登龍館）、『孟子養気章講義』（共著、私家版）、研究ノート「山田方谷関連文書（藩政）一覧表～『山田方谷全集』より」『山田方谷研究会会誌』5　などがある。

ISBN978-4-89619-845-4

『師門問弁録』を読む

令和元年十一月二十日　初版印刷
令和元年十一月三十日　初版発行

著　者　山田方谷に学ぶ会
　　　　渡辺道夫　網本善光
発行者　佐久間保行
印　刷　㈱興学社
発行所　㈱明徳出版社
〒167-0052　東京都杉並区南荻窪一-二五-三
電話　〇三-三三三三-六二四七
振替　〇〇一九〇-七-五八六三四

山田方谷に学ぶ会

入門　山田方谷

至誠の人

山田方谷の生い立ちから、学問・思想、藩政改革などの業績、教育者・詩人としての方谷、家庭、師や友人・弟子などについて、一問一答形式で解説。エピソードのほか、年表・索引・地図も完備。

A五判並製一七〇頁　本体一、二八〇円＋税